Dirk Grosser · Jennie Appel

Bärenstark & Falkenfrei

GOLDMANN

Für Lilly, Baldur und Runa
... wir lieben es, mit euch im Wald zu sein!

Für den Wald
... der uns alle so annimmt, wie wir sind.

Für die Erde
... die uns jeden Tag trägt und nährt.

Dirk Grosser • Jennie Appel

Bärenstark & Falkenfrei

NEUE FANTASIEREISEN UND MEDITATIONEN FÜR KINDER

Mit Illustrationen von Brigitte Kuka

GOLDMANN

INHALT

Meditationen

EINLEITUNG

„Zauberwald und Zwergenkraft" haben wir die Neuauflage unseres ersten Kinderbuches genannt, das 2019 zu unserer großen Freude im Aurum Verlag erschienen ist. Dieser neue Titel fiel uns ein, nachdem wir die Geschichten, die ursprünglich unter dem Titel „Du bist nie allein" veröffentlicht wurden, noch einmal gelesen und überarbeitet hatten - und der Begriff „Zauberwald" ließ uns seitdem nicht mehr los. Wir haben uns gefragt, wie viele Kinder, die nicht das Glück haben, in einen Waldkindergarten zu gehen oder entsprechend naturnah zu wohnen, den Wald noch als verzauberten Ort betrachten, sich gerne dort aufhalten, dort spielen und zumindest für eine gewisse Zeit ein Teil dieses grünen Wunders sind.

Seit etlichen Jahren gibt es schon den Begriff des Natur-Defizit-Syndroms, der eine zunehmende Entfremdung von der Natur und ihren Rhythmen beschreibt. Ein Phänomen, das nicht folgenlos bleibt. Man kann es mit viel Mühe harmlos finden, wenn Kinder denken, dass Kühe lila oder Enten gelb seien, aber der fehlende Bezug zur Welt kann schnell zu einer generellen Entfremdung führen, einem Gefühl, weder hier noch dort, weder in der Natur noch in der Gesellschaft oder in sich selbst zuhause zu sein. Und dieses Gefühl der Trennung ist dann alles andere als harmlos, weil es einen der vielen Wege in ein unglückliches Leben darstellt.

Wir haben uns daher unglaublich gefreut, als uns nach dem ersten Buch unzählige Rückmeldungen erreichten, die davon sprachen, wie unruhige Kinder mit Hilfe der Geschichten und Reisen zu ihrer eigenen Mitte fanden, wie sie sich entspannten, wie ihre Fantasie angeregt wurde, die ihr Spiel bereicherte, und wie sie neugierig wurden, etwas über die Tiere zu erfahren, die ihnen auf ihren Reisen begegnet waren.

Das hat uns motiviert, neue Geschichten und Meditationen zu schreiben, die alle noch mehr den heimischen Wald zum Thema haben und die Kinder vielleicht einladen, diesen wunderbaren Ort, der mehr oder weniger direkt vor ihrer Haustür auf sie wartet, zu entdecken. Die Reisen dienen also eher einem „ersten Geschmack" der magischen Waldstimmung und regen hoffentlich dazu an, dass die Kinder direkt die Schuhe anziehen, um das alles direkt vor Ort zu suchen und zu erfahren.

Für uns selbst war und ist der Wald seit unserer eigenen Kindheit ein Ort, der ein tiefes Zugehörigkeitsgefühl vermittelt, den wir aufsuchen können, wenn wir Ruhe brauchen, wenn wir in schwierigen Zeiten zu uns selbst und unseren eigenen Antworten finden wollen, oder wenn wir einfach das Bedürfnis nach etwas durch und durch Echtem und Authentischem haben.

Manchmal können ein paar Atemzüge in frischer und würziger Waldluft uns vermitteln, was es heißt, „bärenstark und falkenfrei" zu sein. Wir können Kraft tanken und unsere herumirrenden Gedanken sortieren, wir können uns zentrieren und fokussieren. Wir können sehen, wie die Bäume ihre Wurzeln tief in die Erde und ihre Äste weit in den Himmel strecken - und in gewisser Weise können wir es ihnen gleichtun. Wir können die Freiheit der Tiere spüren, ihre wunderbare Negierung unserer menschlichen Konventionen, und diese Freiheit auch in uns entdecken. Wir können Wildheit sehen und auch unsere eigenen wilden Anteile wertschätzen lernen. Und weil wir all dies auch allen Kindern wünschen - die Stärke, die Freiheit, die Wildheit, die Selbstannahme und die gesunde Einwurzelung in eine Welt der Lebendigkeit -, sind viele neue Reisen entstanden, die hoffentlich den Zauber des Waldes in die Kinderzimmer, Kindergärten, Schulräume und Kinder-Yogaklassen bringen werden. Und wenn alles richtig gut läuft, bringen diese Geschichten vielleicht sogar das eine oder das andere Kind in den Wald, wo es dann noch mehr Wunder und noch mehr Freunde entdecken kann.

Jennie Appel & Dirk Grosser

DER WALD: EINE WELT VOLLER WUNDER

Unsere Schritte federn auf einem von Laub und Fichtennadeln weich gepolsterten Boden, die Luft riecht würzig nach Baumharz und nach Wild, wir steigen über knorrige Wurzeln, auf denen Moos und Pilze wachsen, eine Maus huscht in ihr Loch, ein Eichhörnchen flitzt wie ein roter Blitz den Baum hinauf, und unser Blick schweift nach oben, in das Geflecht der Äste, die sich der Sonne entgegenstrecken. Die Luft tut uns gut, das Grün nährt unsere Seele – und wir fühlen uns auf wundersame Weise zuhause.

Und tatsächlich ist der Wald so etwas wie unser erstes Zuhause, denn den Großteil der Menschheitsgeschichte haben wir in den Wäldern und der Natur verbracht, haben gejagt, haben Beeren und andere Früchte gesammelt, waren ganz an den Rhythmus der Natur angepasst. Unser städtisches Leben, das die meisten von uns führen, ist eine vergleichsweise junge Entwicklung. Und daher ist die Sehnsucht nach dem Wald wohl noch so lebendig in uns.

Wenn wir uns im Wald aufhalten, spricht etwas zu uns und eine eigentümliche Erinnerung wird in uns wach. Vielleicht können wir diese Erinnerung, dieses Gefühl nicht wirklich in Worte fassen, aber irgendwo in unserem Inneren ahnen wir, dass wir dazugehören, dass wir Teil dieser blühenden, wachsenden und üppigen Natur sind.

Viel zu oft fühlen wir uns getrennt, sehen uns als Gegenüber der Natur, als bloßen Beobachter: Wir sind hier, und die Natur ist dort. Eine ungemein traurige Sichtweise, die viel zu den Umwelt- und Klimaproblemen beiträgt, denen wir heute begegnen.

Doch wenn wir uns dann mal wieder länger in der Natur aufhalten, eine längere Wanderung im Wald unternehmen, die Bäume betrachten, darüber nachsinnen, wie lange sie hier schon stehen mögen und was sie alles erlebt haben; wenn wir Hügel ersteigen und unseren Blick über die grüne Landschaft schweifen lassen können, wenn wir Tiere beobachten, die ihr so anderes Leben führen, und wenn wir uns von all dem wirklich berühren lassen, geschieht etwas in uns. Zumindest für kurze Momente fühlen wir uns eins mit der Welt, die uns umgibt. Wir wissen wieder, dass wir selbst Natur sind. Dann wird uns bewusst, dass wir die Luft atmen, die die Bäume für uns reinigen – die gleiche Luft, die auch Rehe, Wildschweine, Füchse, Marder und Amseln atmen. Uns wird bewusst, dass wir uns alle auf einem Planeten befinden, dass wir diesen Lebensraum voller Wunder miteinander teilen, dass selbst unter dem Asphalt unserer Straßen Erde ist, die uns alle trägt. Und wir werden der Tatsache gewahr, dass wir unser gemeinsames Zuhause schützen sollten, denn unser aller Wohlergehen hängt vom Wohlergehen der Erde ab.

Als Eltern, als Patchwork-Familienmitglieder, als Erzieher, Lehrer, als Großeltern, Urgroßeltern, Onkel, Tanten und andere Bezugspersonen von Kindern ist es ein natürlicher Wunsch, dieses Gefühl des Einsseins, dieses Erleben der Natur als ein großes Zuhause, das uns umfängt und nährt, an kommende Generationen weiterzugeben.

Vielleicht drückt sich dieses Gefühl einfach darin aus, dass wir uns an unser eigenes Spielen im Wald erinnern, an die Buden, die wir gebaut und die Abenteuer, die wir erlebt haben. Vielleicht erinnern wir uns an Begegnungen im Wald, an Momente, in denen die Zeit stillstand, als wir eine Gruppe Rehe beobachtet haben, die friedlich vor sich hin äste. Möglicherweise erinnern wir uns an die Kaulquappen, die wir in einem kleinen Bach entdeckten, oder auch an das Gefühl, wenn wir mit unserer Hand über einen bemoosten Stein strichen, der von ganz Nahem so aussah, als wäre er mit einem eigenen winzigen Wald bedeckt. Oder wir erinnern uns einfach an das wohlige Gefühl, das uns umfing, wenn wir nach dem Spielen erschöpft und zufrieden unter einem Baum saßen, während dicke Käfer brummend durch die laue Sommerluft taumelten.

Was immer wir auch in der Natur erlebt haben, oft sind es unsere lebendigsten Erinnerungen, die uns auch Jahrzehnte später noch begleiten. Wäre es nicht schön, wenn die Kinder, die heute aufwachsen, ebensolche Erinnerungen hätten und diese Erlebnisse ihnen ein tiefes Gefühl der Zugehörigkeit zu dieser Welt schenken würden? Wäre es nicht erstrebenswert, ihnen den Wald und die heimische Natur so nahezubringen, dass es für sie völlig selbstverständlich ist, diese Welt als schützenswerte Heimat und nicht als bloße Ressourcenquelle oder Müllabladeplatz anzusehen? Und wäre es nicht großartig, beim gemeinsamen Entdecken dieser grünen Welt, vom neuen und frischen Blick dieser Kinder auf Wunder hingewiesen zu werden, die wir selbst vielleicht noch gar nicht entdeckt haben? Wir wünschen uns von ganzem Herzen eine Welt mit naturverbundenen, achtsamen Menschen, die ganz selbstverständlich nachhaltig leben.

Die Geschichten, Fantasiereisen und geführten Meditationen in diesem Buch führen die Kinder (und ebenso die Erwachsenen, die vorlesen) in das Wunder Wald. Gemeinsam begegnen sie schlammverschmierten Wildschweinen, die eine Menge Spaß haben, schüchternen Kröten, die über eine ganz eigene Schönheit verfügen, Hasen, die letztlich doch gar nicht so ängstlich sind, meditierenden Eichhörnchen und tanzenden Bienen.

Eine innere Welt öffnet sich, die im besten Fall neugierig macht auf den wirklichen Wald, auf ganz reale Entdeckungen, auf Pilz- und Baumperlensuche, auf das Finden von Federn und anderen Waldgeschenken, auf Spurenlesen, auf Klettern und auf das Beobachten von kleinen und großen Tieren. Zumindest aber zeigen diese Geschichten, dass es auch noch eine ganz andere Welt gibt. Obwohl die Reisen „nur" in der Fantasie der Kinder stattfinden, verweisen sie doch auf die wirkliche, echte Welt, eine Welt, die man tatsächlich anfassen und erforschen kann, und in der jedes Wesen seinen ganz besonderen, unverhandelbaren Wert hat.

Jede Reise, jede Geschichte, jede Meditation rückt eines dieser Wesen in den Mittelpunkt und stellt auf kindgerechte Weise bestimmte Eigenschaften vor, die diesem Wesen zugesprochen werden. Vor allem konzentriert sich aber jede Erfahrung, die ein Kind mit diesen Reisen machen kann, darauf, ein Tier, einen Baum oder eine andere Pflanze als echten Freund kennenzulernen, als ein Teil des großen Wunders, das so ganz anders als wir selbst ist und das uns dennoch ähnlicher ist, als wir gemeinhin denken. Und ganz nebenbei wird dem Kind klar, dass es selbst ebenso ein Wunder ist. Ein Wunder des Waldes inmitten unzähliger anderer Wunder.

KINDER UND INNERE REISEN

Wir leben in einer paradoxen Welt: Obwohl technische Entwicklungen unseren Alltag immer mehr vereinfachen, wir viele Aufgaben und Pflichten schneller erledigen können, Kommunikationswege deutlich kürzer geworden sind und viele Dinge des täglichen Bedarfs nahezu mühelos und jederzeit verfügbar sind, haben wir doch keinerlei Zeit gewonnen. Vielmehr scheint es so, als reiße uns das Tempo unserer Möglichkeiten mit und gönne uns keinen Augenblick der Muße mehr.

In dieser widersprüchlichen Welt, die immer mehr Erwachsene überfordert, leben auch unsere Kinder, von denen viele diese innere Unruhe schon in sehr jungen Jahren übernehmen, fahrig zwischen verschiedensten Tätigkeiten hin und her springen, sich kaum konzentrieren können und die – wie bei ihren erwachsenen Vorbildern abgeschaut – zusehends ihr Leben in eine virtuelle Welt verlagern.

Eine wirklich kindgerechte Form der Meditation kann hier einen heilsamen Ausgleich schaffen und Kinder in eine ganz natürliche Ruhe führen. Dabei geht es nicht darum, eine halbe Stunde mit überkreuzten Beinen still dazusitzen und einzig und allein auf den Atem zu achten ... Damit würde man wohl kaum einem Kind Freude bereiten. Vielmehr geht es darum, dass die Kinder von Geschichten, in denen sie selbst die Hauptrolle spielen, in Fantasiewelten entführt werden, die unaufgeregt und trotzdem spannend genug von wunderbaren tierischen Freunden und ihren hilfreichen Eigenschaften erzählen. Freunde, mit denen sie sich identifizieren können, denen sie mit ihrer ganz eigenen Kraft helfen können, oder die ihnen helfen, indem sie ihnen etwas über die Welt und das Leben aus tierischer Sicht berichten, ihnen Dinge auf eine Art zeigen, die sie zuvor vielleicht noch nicht kennengelernt haben.

Wir nennen diese Geschichten gern „Anker im Alltag", weil sie für viele Kinder tatsächlich zu einem solchen werden: ein erweitertes Zuhause, in dem einem alles wohlgesonnen ist; ein erweiterter Freundeskreis aus Wesen, die so ganz anders sind und doch so nah und verwandt; ein erweiterter Handlungsbereich, in dem man sich selbst ausprobieren kann und in dem man erfährt, dass man über viel mehr Kraft verfügt, als man selbst dachte; ein erweiterter Erfahrungsbereich, in dem man sich angenommen und gewollt fühlt, ganz genau so, wie man ist; ein erweiterter Raum für die eigene Seele, in dem sie sich geborgen fühlen und sich mittels der Fantasie frei entfalten kann.

Zugleich kann das Vorlesen dieser Reisegeschichten zu einem kleinen Ritual der Ruhe und des Durchatmens werden, das von den meisten Kindern gern angenommen wird. Ein Ritual, das vielleicht auch im weiteren Verlauf des Lebens beibehalten wird und sich dann später in andere, eher formale Arten der Meditation verwandelt, was unserer Welt - so sind wir überzeugt - sicher guttun kann.

Meditation ist zwar kein Allheilmittel, weder für den einzelnen Menschen noch für die mannigfaltigen Probleme, denen die Welt heute gegenübersteht. Aber Meditation kann eine Grundlage für heilsames Handeln schaffen, denn der Mensch, der sich angenommen und ganz empfindet, der sich in der Welt geborgen und auf tiefer Ebene verbunden fühlt, muss nicht einen inneren Mangel mit sinnlosem Konsum oder ungesunden Beziehungen zu stopfen versuchen. Und wer sich selbst annehmen kann, wie er ist, kann vermutlich auch andere annehmen und ihnen ihr Recht auf Selbstentfaltung und ein würdevolles Leben zugestehen, ganz gleich, welcher Spezies sie angehören.

In diesem Sinne sind die inneren Reisen, die Sie in diesem Buch finden werden, dafür gedacht, den Kindern etwas ganz Grundlegendes zu vermitteln: Das Universum ist ein freundlicher Ort voller Wunder - und du bist selbst eines dieser Wunder, das genau so sein darf, wie es ist!

EIN PAAR WORTE ZUR VORBEREITUNG

Das Wichtigste, was Sie als Eltern, Großeltern, Lehrer*innen, Erzieher*innen oder andere Bezugsperson tun können, um solch eine Fantasiereise vorzubereiten, ist, eine achtsame und entspannte Atmosphäre zu schaffen.

Sorgen Sie für ein paar ungestörte Minuten, stellen Sie Ihr Handy aus, schließen Sie die Kinderzimmertür, halten Sie eine kuschelige Decke bereit, die Ihr Kind mag, und atmen Sie selbst ein paar Mal tief durch, um Ihren eigenen Stress oder die an Sie gestellten Anforderungen hinter sich zu lassen und sich voll und ganz auf die „Reiseleitung" zu konzentrieren. Auf diese Weise können Sie die Reise achtsam und deutlich vorlesen und vermitteln nicht den Eindruck, gehetzt zu sein und die Geschichte schnell hinter sich bringen zu wollen. Gemeinsam entspannt es sich einfach noch besser.

Jede Reise dauert etwa zehn bis fünfzehn Minuten, je nach Lesegeschwindigkeit und Länge der Pausen. Letztere sind mit einem Symbol versehen, das Sie darauf hinweist, an dieser Stelle ein paar Atemzüge zu schweigen und dem Kind die Gelegenheit zu geben, seinen eigenen inneren Bildern zu folgen bzw. ein paar Worte mit einem der Wesen zu wechseln, welche auf der Reise getroffen werden. Hier können Sie, was die Länge der Pause angeht, ganz Ihrem Gefühl vertrauen.

Wenn Sie im Text an eine Stelle kommen, die mit __________ *(Name des Kindes)* gekennzeichnet ist, können Sie einfach den Namen des Kindes einsetzen, für das Sie gerade die Reise vorlesen. So wird die Reise noch persönlicher und das Kind fühlt sich wirklich angesprochen. All denen, die die Geschichten für Gruppen, Schulklassen oder Kinderyoga-Klassen nutzen, empfehlen wir die Du-Form beizubehalten, da es ein individuelles Erleben unterstützt, jedoch an diesen Stellen auf das Einsetzen eines Namens (da dies hier logischerweise innerhalb von Gruppen nicht möglich ist und nur verwirren würde) den Text entsprechend vorher anzupassen. Während des Vorlesens gibt es hier sonst meistens kein sehr elegantes Zurück.

Jede Reise startet mit einer kleinen Achtsamkeitsübung auf den Atem und spricht dabei von einer „Reisevorbereitung" wie dem Packen eines Koffers oder dem Zusammenstellen von entsprechendem Proviant. Dieses Achten auf den Atem wird für das Kind meist zu einem ganz natürlichen Signal dafür, dass es jetzt losgeht und eine neue Reise ansteht. Solche wiederkehrenden Signale sind wichtige Helfer, sodass das Kind sich immer besser auf die Fantasiereisen einstellen kann. Außerdem ist es ein Hilfsmittel, was vielleicht auch unabhängig von den Reisen genutzt werden kann, wenn das Kind spürt, dass ihm ein entspanntes Durchatmen guttut.

Ist die Reise vorbei, sollten Sie möglichst nicht gleich aufspringen, um sich anderen Pflichten zuzuwenden. Bitte lassen Sie sich und dem Kind etwas Zeit, das Gehörte und Erlebte zu „verdauen" und wieder ganz hier anzukommen. Vielleicht hat das Kind auch das Bedürfnis, Ihnen etwas zu erzählen, was es auf der Reise erlebt hat bzw. was ihm gesagt wurde. Die Interaktion in den freien Passagen der Reise, also in den mit ❦ gekennzeichneten Pausen, ist oft das Interessanteste, was Vorlesende und Kinder gemeinsam staunen lässt.

Bitte sehen Sie davon ab, gleich zwei, drei oder vier Reisen hintereinander zu machen. Lieber nur eine Reise, der man genügend Zeit gibt, sich zu setzen, und nach der das Kind die Gelegenheit hat, sich mit Ihnen über das Erlebte auszutauschen. Lassen Sie die Reise wirken und lassen Sie sie zu etwas Besonderem werden, auf das sich das Kind wirklich freuen kann. Meist fragen die Kinder zur für sie richtigen Zeit nach einer weiteren Reise.

Weitere Tipps und Inspirationen, was Sie nach der Rückkehr von einer solchen Reise tun und wie Sie auf Ihr Kind und sein Erleben eingehen können, finden Sie im hinteren Teil dieses Buches.

Jetzt aber wünschen wir Ihnen erst einmal viel Freude beim Vorlesen, beim gemeinsamen Reisen, beim Austausch darüber, was geschehen ist, und einfach beim Miteinander-unterwegs-Sein.

Meditationen

Das kleine Wildschwein Matschepampe

Diese Reise führt das Kind zu einem **FURCHTLOSEN FREUND,** der es ermuntert, **DRAUSSEN ZU SPIELEN,** die Welt zu entdecken und die Spielekonsole ab und an mal gegen einen Tag im Wald einzutauschen.

Wie bei jeder Reise ist es auch bei einer inneren Reise gut, sich vorzubereiten. Zwar müssen wir keinen Koffer oder Rucksack packen, wir brauchen auch keine Landkarten oder müssen uns ein Butterbrot für den Weg schmieren – aber wir können ein bisschen zur Ruhe kommen. Denn wenn wir ruhig und entspannt sind, können wir die Bilder unserer Fantasie viel mehr genießen, weil wir nicht von irgendetwas anderem abgelenkt werden.

Und das ist ganz einfach: Wir können einfach ein paar Momente auf unseren Atem achten. Hast du das schon mal gemacht?
Du kannst dich bequem hinsetzen oder auch hinlegen, deine Augen schließen, und dann spürst du kurz mal, wie dein Atem kommt und geht, wie deine Brust und dein Bauch sich mit jedem Atemzug heben und senken und wie sich das anfühlt ... Willst du es mal probieren?
Ein- und ausatmen ... Das ist ganz leicht, denn dein Körper macht das von ganz allein. Du brauchst bloß zusehen.

Das klappt doch wunderbar! Jetzt bist du bereit für eine innere Reise.
Lass deine Augen geschlossen und lass deinen Atem weiter kommen und gehen, wie er will. Und mit den nächsten Atemzügen tauchst du langsam in die magische Welt deiner Fantasie ein. Genau wie in den Momenten, in denen du etwas ganz Tolles spielst und du es dir genau vorstellen kannst.
Die inneren Bilder werden immer deutlicher und du siehst dich nun selbst, wie du in einem großen Wald stehst. Die Bäume ragen über dir auf, und ihre Äste bilden ein grünes Dach, durch das vereinzelte Sonnenstrahlen fallen. Vögel flattern von einem Baum zum anderen, zwitschern ein fröhliches Lied, hüpfen auf den Ästen herum und fliegen auf, wenn ein Eichhörnchen, das es offenbar sehr eilig hat, vorbeiflitzt.
Langsam schlenderst du durch diesen schönen Wald, schnupperst die gute Luft und genießt deine Schritte auf dem weichen Waldboden.

Du siehst Farne, die im leichten Wind hin und her schwanken, Moosteppiche, die auf Steinen und Wurzeln wachsen, Pilze, die ihre kleinen braunen Köpfe hier und dort emporrecken. Auch die eine oder andere Maus siehst du, die schnell in ihrem Bau – einem Loch zwischen den knorrigen Baumwurzeln – verschwindet, wenn du näher kommst.

Nach einer Weile, die du hier unterwegs bist, hörst du plötzlich ein Gegrunze und Geplatsche, das dich neugierig macht. Was ist denn da bloß los?

Du gehst auf die Geräusche zu, umrundest einen riesigen Baum und siehst ein kleines gestreiftes Wildschweinkind, das so schnell es kann durch den Wald rennt und auf eine große Schlammpfütze zusteuert. Und dann springt es hoch, fliegt ein kleines Stück und platscht mit voller Wucht mitten in den Schlamm, sodass es nach allen Seiten spritzt. Auch deine Hose und dein T-Shirt bekommen etwas ab. Das Schweinchen aber merkt das gar nicht, sondern wühlt sich tiefer in den Schlamm und grunzt dabei wohlig und freudig.

Dann setzt es sich mitten in der Pfütze auf, während ihm die braune Brühe von der Nase tropft, und schaut dich an. Als es die Dreckspritzer auf deinem Hemd und deiner Hose entdeckt, grinst es von einem Ohr zum anderen.

„Oh toll, du magst auch Schlamm?“, fragt es dich.

Du musst schmunzeln, denn offenbar denkt das kleine Wildschwein, dass du dich selbst dreckig gemacht hast. Aber so wie es grinst und sich darüber freut, dich zu sehen, kann man ihm gar nicht böse sein. Und es ist ja auch nicht schlimm, sich dreckig zu machen, denn die Sachen kann man ja wieder waschen.

„Ich heiße Matschepampe!“, sagt das kleine Wildschwein jetzt. „Aber ich weiß gar nicht, ob das mein richtiger Name ist, oder ob alle mich nur so nennen, weil ich ständig so aussehe ...“ Wieder grinst es dich an. „Magst du vielleicht mit mir spielen? Du darfst gern in meine Pfütze springen, die ist groß genug für uns beide!“

Du zögerst ein bisschen. Doch das Schweinchen scheint so großen Spaß zu haben, dass du es mal versuchen willst. Ganz vorsichtig gehst du in die Pfütze hinein. Es quietscht und quatscht unter deinen Füßen. Das klingt lustig. Ja, irgendwie macht das Spaß! Du gehst noch ein paar Schritte und bist dem kleinen gestreiften Schweinekind jetzt ganz nah. Ganz verdutzt schaut es zu dir hoch.

„Also ... das geht aber anders“, sagt es. „Pass auf, ich zeige es dir. Komm mit!“ Das Schweinchen flitzt wieder zurück zu einem Baum, der einige Meter von der Schlammpfütze entfernt wächst. Und auch du stellst dich dort auf.

„Jetzt aufgepasst“, sagt Matschepampe. „Auf drei rennen wir los und springen zusammen in den Schlamm. Das Zeug klatscht bestimmt hoch bis an die obersten Äste ... Das wird super! Also ... eins ... zwei ... DREI!“ Und schon rennt es los, sodass du kaum hinterherkommst. Unglaublich, wie schnell so ein Schweinchen mit seinen kurzen Beinen laufen kann. Aber auch du bist ganz schön schnell – und schon bist du bei der Schlammpfütze, siehst wie Matschepampe abhebt, springst selbst los und kurz nacheinander klatscht ihr in den Schlamm. Wie ein Vulkan schießt eine Matschfontäne nach oben und regnet wieder auf euch herab. Ihr müsst so laut lachen, dass sich die Eich-

hörnchen erschrecken, die zugesehen haben, und das kleine Schweinchen lacht so sehr, dass es umfällt und sich auf dem Rücken in der Pfütze wälzt. Sein Lachen wird immer wieder von seinem lauten Grunzen unterbrochen, und das klingt so witzig, dass du noch mehr lachen musst und dich auch in die Pfütze legst. Jetzt bist du wirklich von oben bis unten voller Schlamm.

„Nochmal!", kreischt da Matschepampe … und los geht's! Anlaufen, abspringen … und hinein in den Schlamm. Immer wieder macht ihr das, lacht dabei wie verrückt, wälzt euch und seid bald kaum noch voneinander zu unterscheiden, so dreckig seid ihr.

Dann seid ihr erschöpft und ruht euch ein wenig am Rand der großen Pfütze aus. Ihr sitzt nebeneinander und fühlt euch rundum wohl. Wie schön das ist, so einen neuen Freund zu finden, mit dem man sich sofort so toll versteht! Aber dann, als du so an dir heruntersiehst und feststellst, dass du von Kopf bis Fuß mit dickem braunen Schlamm bedeckt bist, machst du dir doch ein bisschen Sorgen. Du fragst Matschepampe, ob seine Eltern denn nicht sauer seien, wenn er so dreckig nach Hause komme …

„Dreckig?", ruft das kleine Schweinekind aus, „dreckig? Das ist doch kein Dreck, das ist Erde! Das Beste, was es gibt! Darin wachsen Bäume, die uns dann mit Eicheln und Bucheckern versorgen; darin wachsen leckere Pilze, Mäuse buddeln sich eine tolle Wohnung, Käfer und

Eidechsen legen ihre Eier darin ab ... ach, alles Mögliche ... Und wenn du dir die Erde auf die Haut schmierst, stechen dich keine Mücken mehr!"

Matschepampe strahlt dich an. So hast du das noch nie betrachtet. Das kleine Schweinchen, dessen Streifen man jetzt gar nicht mehr sehen kann, hat tatsächlich recht: Der Waldboden ist kein Dreck, sondern ganz wunderbare Erde, die für viele Wesen Nahrung und Heimat bietet. Überall im Wald wachsen Pflanzen und Bäume aus der Erde, überall ist es ganz grün, weil die Erde, die jetzt an deiner Hose und deinem T-Shirt klebt und langsam trocknet, so lebendig ist und alles von ihr genährt wird.

„Deine Eltern sind bestimmt auch nicht sauer", sagt das kleine Schweinchen. „Die wissen bestimmt, dass Erde kein Dreck, sondern etwas ganz Tolles ist. Und wenn nicht, kannst du es ihnen ja erklären ..." Matschepampe zuckt mit seinen kleinen Schultern und lächelt dich an. Und wenn du jetzt nochmal darüber nachdenkst, bist du auch sicher, dass deine Eltern nicht sauer sein werden. Die mögen die Natur und den Wald doch sehr - und außerdem habt ihr doch eine super Waschmaschine!

Und so sitzen das kleine Wildschwein und du noch eine Weile zusammen und genießt das Gefühl eurer neuen Freundschaft. Und als ihr ganz trocken seid, steht Matschepampe auf, schüttelt sich, reibt sich an einem Baum und sieht fast wieder sauber aus. Du stehst auch auf und klopfst dir den getrockneten Schlamm von den Sachen. Ist alles noch ein bisschen staubig, aber das geht schon!

„Ich muss jetzt mal nach Hause", sagt Matschepampe. „Bestimmt wollen Mama und Papa mit mir noch in eine Schlamm-Badewanne!"

Du musst lächeln, weil du dir das richtig vorstellen kannst, wie die ganze Wildschwein-Familie sich in einer großen Matschpfütze suhlt.
„Kommst du mich wieder besuchen und wir spielen wieder zusammen?“, fragt das kleine Schwein hoffnungsvoll. Da sagst du gerne JA!, denn so einen tollen neuen Freund findet man bestimmt nicht alle Tage. Du freust dich schon, wieder mit ihm gemeinsam in den Schlamm zu springen und dann genauso erdig auszusehen wie dein vierbeiniger gestreifter Freund.
Ihr verabschiedet euch, und dann flitzt Matschepampe nach Hause. Du siehst nur noch seinen kleinen Ringelschwanz, der hinter einem Baum verschwindet ... und dann ist er fort.
Langsam gehst du zurück, findest ohne Probleme deinen Weg, vorbei an den Bäumen, beobachtest nochmal die Vögel und die Eichhörnchen, siehst auch wieder eine Maus, die vor ihrer Erdhöhle sitzt.

Und dann verblassen die Bilder mehr und mehr, und du kommst wieder zurück, hierher in dein Zimmer, euer Haus oder eure Wohnung, hierher, wo du sitzt oder liegst und dir diese Reise vorgelesen wurde.
Atme noch dreimal tief durch und öffne dann langsam deine Augen.
Willkommen zurück in deiner Welt, die ganz tief mit der Erde verbunden ist.

Fröhlich sei dein Tag, fröhlich sei dein Leben!

Familie Wolf und ihr ganz besonderes Lied

In dieser Reise erfährt das Kind eine **TIEFE ZUGEHÖRIGKEIT** zur wilden Welt der Natur, fühlt sich aufgehoben und angenommen, und bekommt dabei zusätzlich ein Gefühl für den **WERT VON FAMILIE** vermittelt.

Magst du Hunde? Kannst du dir vorstellen, dass sie alle, ganz gleich ob groß oder klein, Chihuahua oder Dogge, vom Wolf abstammen? Vor ganz langer Zeit haben ein paar Wolfswelpen mit Menschen Freundschaft geschlossen, und von diesen Wolfswelpen haben sich dann alle Hunderassen, die es gibt, entwickelt.
Vielleicht magst du heute ja mal einen Ausflug zu den wilden Vorfahren unserer Hunde machen und sie besser kennenlernen ...

Bist du bereit? Dann mache es dir bequem und schließe sanft deine Augen. Atme dreimal tief durch ... und lass dich dann in die Welt deiner Fantasie gleiten. Vor dir entfaltet sich eine wilde Landschaft mit weiten Ebenen, tannenbestandenen Hügeln und schroffen Felsbrocken, die hier und da herumliegen, als hätten Riesen sie dorthin gewürfelt. Graue Brocken, die mit grünem Moos bewachsen sind, und wo du hier und dort sogar winzige violette Blüten sehen kannst.
Ein kleiner Bach durchfließt das Tal, in dem du stehst, und im Schatten der vereinzelten Birken am Ufer kannst du verschiedene Tiere entdecken, die

hier ihren Durst stillen. Du siehst einen Dachs und einen Fuchs, auch ein Marder huscht herum. Frösche quaken und Kaninchen flitzen davon, während du dich nun langsam durch diese wunderschöne Landschaft bewegst.

Du spürst den Wind und atmest frische Luft ein, die dich wach macht, und mit jedem Schritt fühlst du dich wohler. Du wanderst einfach umher, schaust dir diese Pflanze an und jene, berührst diesen Baum und jenen Stein ... und entdeckst dann plötzlich zwei bernsteinfarbene Augen, die dich aus einem Gebüsch anschauen.

„Nicht erschrecken“, sagt eine sanfte Stimme, und dann teilen sich die Zweige und Blätter des Gebüschs und eine junge graue Wölfin tritt auf dich zu.

„Du musst keine Angst haben“, meint die Wölfin jetzt zu dir. „Wölfe tun Menschen nichts. Wir haben euch Menschen einfach schon immer interessant gefunden und wollten mit euch Freundschaft schließen. Magst du ein bisschen Zeit mit mir verbringen? Ich würde dich gern meiner Familie vorstellen ...“

Das klingt spannend, und so nickst du und ihr lauft gemeinsam los. Die Wölfin ist schnell, aber du bist fast genauso schnell – und wenn sie dir mal ein paar Schritte voraus ist, wartet sie auch immer auf dich. Ihr rennt durch das Gras, springt über den kleinen Bach und wieder zurück und haltet auf einen der Hügel zu, von denen es hier so viele gibt.

Etwas langsamer steigt ihr nun den Hügel empor, geht zwischen den hohen Tannen hindurch und schnuppert beide dem wunderbaren Duft dieser Bäume nach. Ein paar Schritte noch und ihr erreicht gemeinsam die Kuppe des Hügels, auf der sich eine kreisrunde Lichtung befindet. In der Mitte dieser Lichtung sitzen schon einige Wölfe, die auf euch zu warten scheinen. Du siehst zwei ganz alte Wölfe, die ein bisschen zerzaust aussehen, einige, die wahrscheinlich so alt wie deine neue Freundin sind, und auch ein paar kleine Welpen, denen man anmerkt, dass sie gar nicht so gerne stillsitzen, sondern lieber herumtollen möchten.

Einer der ganz alten Wölfe, ein großes, fast völlig schwarzes Männchen, steht nun auf und kommt auf euch zu. „Willkommen Shala und willkommen ________*(Name des Kindes)*! Wir haben euch schon erwartet ... kommt!"

Gemeinsam mit euch trottet er zurück zu den anderen Wölfen und ihr bildet einen Kreis. Alle sitzen ganz aufmerksam in einer großen Runde, und auch die kleinen Welpen sind jetzt ganz still und schauen sich mit großen Augen um.

„ ________*(Name des Kindes)* , du hast vielleicht gehört, dass wir Wölfe den Mond anheulen, aber das stimmt nicht. Unser Heulen ist in Wirklichkeit ein Lied, das unsere Familie verbindet, unsere Gemeinschaft feiert und uns allen zeigt, dass wir zu diesem Kreis dazugehören. Und weil wir wissen, dass du ein Freund/eine Freundin der Tiere bist, möchten wir dich heute einladen, mit uns dieses Lied zu singen."

Shala neben dir nickt dir zu und schmunzelt. „Es ist auch wirklich ganz leicht", sagt sie, „denn das Lied hat keinen wirklichen Text."

Die kleinen Wölfe kichern und handeln sich einen strengen Blick vom alten schwarzen Wolf ein. Aber dann muss auch er lächeln und zwinkert dir freundlich zu.
Nun hebt er seinen Kopf, als würde er zu den Wolken emporschauen, während aus seiner Kehle ein ganz eigentümliches Geräusch kommt: Ein Geheule, das lange anhält und das ganz schön laut ist. Alle Wölfe steigen in diesen Gesang mit ein, du hörst die tiefen Stimmen der alten Wölfe, die höheren Stimmen von Shala und ihren Geschwistern und auch die eher kieksenden Versuche der kleinen Welpen. Magst du es auch mit versuchen? Es ist wie gesagt ganz leicht und klingt einfach nach ... Aaahuuuuuuuuu!

Trau dich ruhig und sing mit den Wölfen! Vermisch deine Stimme mit ihren Stimmen ... wie in einem Chor der Wildnis. Alle rufen mit ihren Stimmen in die Welt, alle Wölfe und du. Ihr ruft „Aaahuuuuuuuuu!“ und meint: Wir sind ein Rudel, eine Familie, eine Gemeinschaft. Wir gehören zusammen und wir gehören hierher. Wir sind ein wichtiger Teil der Natur und die Welt heißt uns jeden Tag willkommen!
Ein ganz schönes Gefühl breitet sich in dir aus, während du mit den Wölfen heulst und singst. Ganz warm und wohlig fühlst du dich. Und wenn du dich in eurem Kreis umschaust, merkst du ganz deutlich, dass ihr alle miteinander verwandt seid – ganz gleich, ob ihr nun vier oder zwei Beine habt, Pfoten oder Hände und Füße. In diesem Kreis spielen solche Unterscheide keine Rolle.

Nach und nach endet euer gemeinsames Lied, die vielen verschiedenen Stimmen verklingen langsam, und dann ist

es auf der Lichtung plötzlich vollkommen still, bis wieder das Gezwitscher der Vögel beginnt, die in den Bäumen gewartet haben.
„Siehst du", sagt Shala, „auch die Vögel haben ihre Lieder, genau wie wir und jedes andere Tier. Ich bin wirklich froh, dass du mit uns gesungen hast, ________ *(Name des Kindes)*! Du gehörst einfach zur Familie!"

Der Kreis der Wölfe löst sich nun auf, die älteren Wölfe bringen die Welpen zurück in die Höhle, denn es ist für kleine Wölfe bald Zeit zum Schlafen. Und auch du kannst dich jetzt wieder auf den Rückweg machen. Du verabschiedest dich von allen neuen vierbeinigen Freunden, die dir zulächeln und die dich für immer in ihren Herzen haben werden.
Dann wendest du dich dem Waldrand zu und gehst in Begleitung von Shala wieder den Hügel hinunter. Vielleicht gibt es noch etwas, das du ihr sagen möchtest? Dann hast du jetzt die Gelegenheit dazu ...

Am Fuß des Hügels angekommen, geht ihr weiter durch das Tal, springt wieder über den kleinen Bach und kommt bei dem Gebüsch an, wo ihr euch das erste Mal getroffen habt.
Jetzt ist es Zeit, euch zu verabschieden. Shala schenkt dir noch einen warmen Blick und sagt: „Vielleicht kannst du mit deiner Mama und deinem Papa ja auch mal ein Familienlied singen ... Ihr könnt heulen wie wir oder euch etwas anderes ausdenken, vielleicht pfeifen oder einen bestimmten Rhythmus trommeln. Alle Tiere haben ihre ganz eigene Stimme – und ihr habt bestimmt auch eine eigene Familienstimme, ein eigenes Familienlied."
Das hältst du für eine gute Idee und wirst es nach dem Vorlesen gleich mal vorschlagen ...
Jetzt drückst du Shala nochmal und siehst ihr dann zu, wie sie flink zurückläuft, damit sie sich zusammen mit dem Rest ihrer Familie in die Höhle kuscheln oder noch mit einem ihrer Geschwister etwas spielen kann.

Und du atmest noch dreimal tief durch ... reckst und streckst dich ein bisschen ... und öffnest dann langsam deine Augen. Willkommen zurück aus der Welt der Wölfe und wieder ganz angekommen in der Welt der Menschen! Und was das Wichtigste ist: Du weißt jetzt ganz genau, dass das eigentlich keine zwei Welten sind, sondern nur eine! Eine Welt, die sich Wölfe und Menschen teilen und in der sie miteinander Freunde sein können!

Fröhlich sei dein Tag! Fröhlich und voller wilder Wunder sei dein Leben!

Die Kröte mit den goldenen Augen

Hier können **ZURÜCKHALTENDE KINDER** (oder auch solche, die vielleicht in der Schule oder dem Kindergarten gehänselt wurden) eine **KLEINE VERBÜNDETE** treffen, die ihnen davon erzählt, wie alle Wesen auf dieser Welt miteinander verwandt sind, wie einzigartig und wie schön sie alle sind und dass niemand besser oder schlechter als jemand anderer ist.

Mache es dir bequem, atme ganz in Ruhe ein und wieder aus. Versuch mal, genau zu spüren, wie dein Bauch sich mit deinem Atem hebt und senkt. Auf und ab - das funktioniert ganz von allein, ohne dass du etwas dafür tun musst. Du kannst dich völlig entspannen, brauchst an nichts zu denken und kannst dich einfach freudig und wach von meiner Stimme auf eine Reise führen lassen.

Lass dich nun einfach mit den nächsten Atemzügen langsam in die magische Welt deiner Fantasie gleiten. Spüre diese Freude in dir, neue Welten zu entdecken, und lass bunte Bilder in dir entstehen und lebendig werden.

Du bist draußen in einer urwüchsigen Landschaft - eine wildgewachsene Natur, die dich direkt einlädt: grüne Hügel voller saftiger Wiesen, glitzernde Bäche und Gruppen von alten knorrigen Bäumen, mit Moos bewachsene Baumstümpfe und dazwischen Steine, die überall herumliegen und die dir sofort auffallen. Sie sehen

aus, als wären sie dort einer nach dem anderen hingelegt worden ... wie eine Spur.

Langsam setzt du einen Fuß vor den anderen und gehst dieser Spur nach. Das ist schon ein bisschen spannend und du fragst dich, was dich wohl am Ende dieser Spur erwartet. Während du den Steinen weiter folgst, kommst du immer näher auf eine der Baumgruppen zu, in deren Mitte sich ein glänzender Teich befindet.
Und als du direkt davorstehst, spürst du, dass dort noch jemand ist. Irgendjemand ist ganz in deiner Nähe, aber du kannst niemanden entdecken. Du schaust dich um ... nichts. Doch da hörst du plötzlich ein leises, schüchternes und lieb klingendes Stimmchen.

„Hallo, ___________ *(Name des Kindes)*! Hier unten bin ich ... Schau mal auf die Erde, ganz nah bei deinen Füßen."
Dort siehst du zunächst nur etwas braunen Schlamm und ein wenig grünes Gras. Aber dann bewegt sich auf einmal ein Teil des braunen Schlamms. Du siehst, dass ein kleines Wesen ein ganz bisschen näher zu dir heranhüpft ...
„Darf ich näher kommen? Manche Menschen haben Angst vor mir ... deswegen frage ich ..."

Ein bisschen schüchtern wirkt das Wesen, und so gehst du vorsichtig in die Hocke, um näher an es heranzukommen und es gleichzeitig nicht zu verschrecken. Da erkennst du, dass es sich um eine kleine Kröte handelt, und du siehst, dass sie den Kopf etwas wegdreht - fast, als würde sie sich für etwas schämen und wollte sich verstecken.

„Du tust mir nichts, oder?", fragt sie dich, ebenfalls ganz vorsichtig.

Du schüttelst sofort den Kopf. Natürlich wirst du ihr nichts tun, schließlich sind Tiere ja deine Freunde, oder?! Die kleine braune knubbelige Kröte atmet ihren angehaltenen Atem aus und entspannt sich.

„Danke, dass du freundlich zu mir bist! Manche übersehen mich, weil ich mich so gut tarnen kann", erklärt sie dir und du erinnerst dich gleich, dass es dir eben auch zuerst so ergangen ist. Sie schaut dich gar nicht direkt an, sondern hat den Blick immer nur zur Erde gerichtet. Dann sagt sie ganz leise und ein bisschen traurig. „Und manche sagen viele nicht so schöne Sachen über mich ... kennst du so etwas? Sie sagen, ich sei giftig oder sogar böse ... und einige finden mich ganz hässlich ... Obwohl sie mich gar nicht richtig kennen!"

Offenbar hat die Kröte nun keine Angst mehr vor dir und fasst immer mehr Vertrauen. Sie kann spüren, dass du ein warmes Herz hast, und deshalb kann sie dir ihre Sorgen erzählen. Manchmal braucht man ja einfach jemanden, mit dem man sprechen kann, und du kannst wirklich deutlich spüren, dass sie sich freut, wenn du ihr zuhörst.

„Manche Menschen mögen mich nicht, weil ich nicht so aussehe wie andere Tiere, weil ich nicht so niedlich bin wie eine Maus oder ein Eichhörnchen ... Dabei bin ich einfach nur anders! Das macht mich manchmal ganz schön traurig ... Vor allem, weil sie doch wissen müssten, dass wir irgendwie alle miteinander verwandt sind. Weißt du das? Hast du vielleicht schon einmal von der Mutter Erde gehört? Alle Wesen haben nämlich die gleiche große Mutter, diesen Planeten, auf dem wir leben, den wir uns miteinander teilen. Also sind wir auch alle miteinander verwandt – auch, wenn du deine Mama hast und ich meine ... Wir haben auch die Erde als unsere gemeinsame Mutter. Sie ist immer da, bei jedem Schritt, den wir machen. Sie ist immer da und trägt uns alle. Ist das nicht schön?! Und wir Kröten sind sogar immer ganz nah an der Erde, berühren sie mit unserem Bauch und tanken so ganz einfach auf – für den nächsten Sprung, den nächsten Hüpfer, den wir machen. So kommen wir ganz leicht voran und ab und zu schwimmen wir dann auch mal im Teich, der auch zu Mutter Erde gehört. Das macht ganz viel Spaß."

Der kleinen Kröte tut es richtig gut, mit dir zu sprechen. Das ist wirklich ganz wunderbar von dir, dass du ihr so aufmerksam zuhörst. Und jetzt hebt sie auch ab und an ihr Köpfchen und blinzelt ein bisschen zu dir hoch. Du schaust sie dir genauer an. Erkennst ihre vielen kleinen Beulen

und Knubbel, die langen Beinchen, die nun wieder zu einem winzigen Hüpfer ansetzen - weil sie dir noch näher kommen mag. Ihre Haut sieht ein bisschen seltsam aus, das stimmt schon. Aber so ist das nun einmal bei Kröten, und dich stört es überhaupt nicht. Alle Wesen sehen anders aus, alle haben ihre Eigenarten - aber die Hauptsache ist doch, dass sie freundlich sind. Und das ist die kleine Kröte auf jeden Fall, das spürst du.

Und deshalb ist es auch völlig in Ordnung, als sie nun auf deine Hand springt und du merkst, wie warm ihr kleiner Körper ist. Du spürst ihre Füßchen in deiner Handfläche, und auch ihren Bauch, der sonst so nah an Mutter Erde ist. Was für eine spannende Verwandte du da hast! Ganz ruhig sitzt sie nun in deiner Handfläche und schaut dich geradewegs an.

Völlig überrascht schaust du in wunderschöne goldene Augen - ganz glänzend und schillernd sind sie! Ein Gold, das du noch niemals zuvor irgendwo gesehen hast. Sie strahlen dich an und du kannst gar nicht wegsehen, so schön sind sie. Vielleicht magst du ihr das sagen? Bestimmt freut sie sich sehr über ein Kompliment ...

„Danke, liebe/r ________ *(Name des Kindes)*“, flüstert die kleine Kröte. „Wir alle sind wunderschön, stimmt's? Manchmal muss man genauer hinsehen, weil jemand ein ganz ärgerliches Gesicht macht oder sich so versteckt, wie ich das vorhin getan habe - aber wenn wir uns zeigen und, so wie wir beide gerade, uns einfach kennenlernen, können wir immer Schönheit sehen! Danke, dass du dir Zeit für mich genommen hast - und dass du bei mir zweimal hingesehen hast. Ich werde unser Treffen nie vergessen. Und ich hoffe, du auch nicht. Wenn du dich mal ganz klein machen und verstecken willst, weil andere doofe Dinge über dich sagen ... dann kannst du an meine Augen denken, ja?! Ich zwinkere dir dann zu und du erinnerst dich daran, dass wir alle unsere ganz eigene Schönheit besitzen, in Ordnung? Abgemacht?“
Die Kröte strahlt dich an und auch du musst lächeln, weil sie sich so freut. Und außerdem findest du, dass das eine sehr gute Idee ist. Die goldenen Augen sind eine prima Erinnerung daran, was die Kröte alles gesagt hat. Also abgemacht.

„Jetzt muss ich leider nach Hause“, sagt die kleine Kröte und hüpft von deiner Hand wieder auf den Waldboden. So verabschiedet ihr euch voneinander und zwinkert euch noch einmal zu - um euer kleines Geheimnis zu besiegeln. Dann hüpft sie plötzlich mit einigen riesigen Sätzen davon. Und überrascht dich damit schon wieder. Solche großen Sprünge hättest du der schüchternen kleinen Kröte gar nicht zugetraut ...

Du schaust dich noch einmal an dem Teich inmitten der Bäume um. Siehst vielleicht jetzt auch andere Tiere in der Ferne oder am Himmel und staunst darüber, dass ihr alle die gleiche Mama habt: die große Mutter Erde, auf der ihr alle lebt.
Dann drehst du dich um, weil auch du wieder nach Hause gehst.
Du nimmst den gleichen Weg zurück, den du hergekommen bist, denn du erinnerst dich genau, wo du entlanggegangen bist.
Du genießt die Schritte hier zwischen den Bäumen und auf den leuchtend grünen Wiesen und freust dich auf zuhause.

Hast du gewusst, was für wunderschöne goldene Augen eine Kröte hat?
Vielleicht wissen deine Eltern das auch nicht! Dann kannst du ihnen davon erzählen ...
Komm nun wieder ganz in deinem Körper hier in diesem Zimmer an, bewege deine Füße und Hände, recke und strecke dich.
Atme dann dreimal tief durch ... und öffne langsam wieder deine Augen.

Gesegnet sei dein Leben! Gesegnet sei deine Schönheit und Freundlichkeit!

Der kleine grüne Geist des Waldes

Auf dieser Reise begegnet das Kind nicht nur einem kleinen Waldgeist, sondern auch seiner eigenen Fähigkeit, zu helfen und etwas Gutes zu tun. Und neben einem **GESUNDEN SELBSTBEWUSSTSEIN** entdeckt das Kind auch noch den Wert der eigenen **SELBSTHEILUNGSKRÄFTE.**

Setz dich ganz bequem hin und mach es dir richtig gemütlich. Du kannst auf der Couch sitzen oder im Schneidersitz auf der Erde. Du kannst dich irgendwo anlehnen, dich ankuscheln, dich mit einer warmen Decke zudecken oder dich auch hinlegen, wenn du magst. Ganz so, wie du dich am wohlsten fühlst.
Schließ nun deine Augen und atme dreimal ganz tief durch, um dich für die Reise vorzubereiten und ein wenig zur Ruhe zu kommen.

Der Atem strömt durch deine Nase, durch deine Brust, bis in deinen Bauch und dann wieder auf dem gleichen Weg zurück. Kannst du das spüren? Merkst du, wie deine Brust und dein Bauch sich bei jedem Atemzug heben und senken? Beobachte das mal ein paar Augenblicke. Einfach nur ein- und ausatmen. Mehr nicht.

Und mit dem nächsten Atemzug lässt du dich ganz sacht in die Welt deiner Fantasie gleiten. Bilder tauchen vor deinen geschlossenen Augen auf und du siehst dich selbst, wie du in einem wunderschönen Wald herumwanderst.

Ein einziger riesiger Wald, der von Horizont zu Horizont reicht. Mächtige Eichen und Buchen, die in den Himmel ragen; Eschen, Tannen und Fichten, Linden und Birken, Ahorn und Erlen, Hasel und viele mehr, deren Namen du noch gar nicht kennst. Ein tiefer Wald voller Leben, in dem es überall raschelt und knackt, in dem Vögel singen, Eichhörnchen herumflitzen, Hirsche röhren, Füchse bellen und Wildkatzen fauchen.

Du gehst nun tiefer in den Wald hinein und staunst bei jedem Schritt über die Vielfalt, die du siehst: Tausend verschiedene Sorten Grün, Farne, Brombeerranken, ein ganzes Feld voller Bärlauch mit seinen weißen Blüten und dem typischen Geruch ... und Bewegung, Herumhuschen, Herumsausen, wohin du auch siehst. So viele kleine Tiere, so viele Vögel, Insekten, Bienen, Käfer ... Du setzt einen Fuß vor den anderen, schaust dich um und lauschst all dem Gesummse, Gebrumme und Gezwitscher.

Und dann siehst du etwas, das du gar nicht schön findest und das dich auch ein bisschen ärgert. Mitten in diesem schönen Wald, am Fuß einer großen Buche liegen zwei zerbeulte Getränkedosen, eine leere Packung Kekse, etwas Alufolie und die Verpackung von einem Eis. Daneben flat-

tert eine Plastiktüte im Wind, die sich in einem Ast verfangen hat. Irgendjemand hat hier wohl ein Picknick gemacht und all seinen Müll einfach im Wald liegen lassen.
Hm, was kann man da tun? Am besten ist es wohl, sich einfach nicht zu ärgern, sondern den Müll einfach einzusammeln, mitzunehmen und zuhause in die Mülltonne zu werfen. Du schnappst dir die Plastiktüte, stopfst das ganze Zeug hinein, knotest sie zusammen und nimmst sie einfach mit. Jetzt sieht es im Wald wieder schön aus, und du gehst zufrieden weiter.

Nach ein paar Schritten hörst du plötzlich eine Stimme, die irgendwo von oben zu kommen scheint: „Das war aber echt nett von dir! Vielen Dank!"
Du versuchst, herauszufinden, woher die Stimme kommt, suchst den Himmel ab, schaust dir die Äste der Bäume an ... und dann siehst du ein kleines grünes Wesen auf einem Ast sitzen, das mit den Beinchen baumelt. Und zack ... hüpft es herunter und steht direkt vor dir. Es ist recht klein, reicht dir gerade mal bis zum Bauchnabel. Seine Haut ist grün, es trägt eine merkwürdige Hose aus Blättern und Moos, und seine Haare sind eigentlich gar keine Haare, sondern kleine Äste wie bei einem ganz jungen Bäumchen. Ganz aufmerksam

schaut dich das kleine Waldwesen mit lustigen Augen an, seine Knubbelnase zuckt und es grinst über das ganze Gesicht.
„Wir Waldgeister freuen uns immer, wenn ein Menschenkind den Wald versteht und hilft, dass hier alles sauber bleibt“, sagt es nun. „Darf ich dir als Dankeschön etwas zeigen?“
Du nickst zaghaft ... und da nimmt dich das kleine Kerlchen auch schon an die Hand und flitzt mit dir los. Du musst dich ganz schön beeilen, um mit ihm Schritt zu halten.
Ihr scheint kreuz und quer durch den Wald zu laufen, springt über Wurzeln, schlüpft unter umgefallenen Bäumen hindurch, rennt auch ein paar Mal im Kreis um Bäume herum ... Du fragst dich schon, ob der Waldgeist überhaupt weiß, wo er hinwill und als ob er Gedanken lesen kann, da sagt er: „Ich nehme immer den Weg, der am meisten Spaß macht. Ist doch klar, oder?!“
Du musst lachen, denn irgendwie ist das ja wirklich klar. Warum sollte man das anders machen? Und dann seid ihr auch schon dort, wo der kleine grüne Waldgeist dir etwas zeigen will. Eine Höhle unter einem umgestürzten Baum, aus dem ein leises Winseln tönt. Du versuchst in dem dunklen Eingang etwas zu erkennen, aber da tauchen auch schon drei kleine schnuppernde Nasen auf, rotes Fell, spitze Ohren und glänzende Äuglein: drei Fuchswelpen, die jetzt nach draußen krabbeln und sich zu euch gesellen.
„Darf ich vorstellen?“, fragt der Waldgeist. „Fritzi, Franzi und Frida. Aber wo ist denn Fredi? Spielt der heute gar nicht mit uns?“
Und dann kommt doch noch der vierte Fuchswelpe aus der

Höhle gekrabbelt. Ganz langsam und gar nicht so fröhlich wie die anderen drei. Er schleppt sich dahin, sieht aus, als hätte er Bauchweh, und leckt dem Waldgeist nur ganz kurz übers Gesicht, während die anderen drei gar nicht damit aufhören.

„Na komm mal her", meint der Waldgeist, setzt sich auf den Boden und nimmt den kleinen Fuchs auf den Schoß. „Wahrscheinlich hat er etwas von dem Müll gefressen, den du aufgesammelt hast. Dank dir kann den anderen nichts mehr passieren ... Und dem kleinen Fredi helfen wir jetzt auch. Gib mir mal deine Hand ..."

Du reichst ihm deine Hand und der Waldgeist legt sie auf den Bauch des kleinen Fuchses. Dann nimmt er deine andere Hand und drückt sie ganz sanft, während er die Augen schließt. Du spürst, wie deine Hand ganz warm wird, wie eine grüne Kraft, die du nicht genau beschreiben kannst, durch dich hindurchfließt, deinen Arm herauf, durch deine Brust und dein Herz und am anderen Arm wieder herunter bis zu deiner Hand, die auf dem Bauch des Füchsleins liegt und nun auch ganz warm wird. Der kleine Welpe brummt wohlig - es scheint ihm wirklich zu gefallen und gutzutun.

Lass diese warme, grüne Kraft noch ein bisschen fließen. Gemeinsam mit dem kleinen Geist des Waldes kannst du dem jungen Fuchs bestimmt helfen.

Dann hört das Fließen der Kraft auf, der Waldgeist öffnet wieder die Augen und lässt deine Hand los. Der kleine Fuchs springt auf, leckt dem Waldgeist noch einmal durchs Gesicht und gibt auch dir ein kleines Fuchs-Küsschen ...

dann gesellt er sich zu seinen Geschwistern, die nun vor dem Höhleneingang herumtoben und Fangen spielen.

Du bleibst mit dem Waldgeist sitzen und schaust den vier roten Fellkindern zu, wie sie spielen.
„Du hast heute viel Gutes getan“, sagt der Waldgeist nun zu dir. „Den Wald gesäubert, mir bei der Heilung eines kleinen Fuchses geholfen … Du bist wirklich ein Freund/eine Freundin des Waldes!“ Während du noch sitzt, steht er auf und drückt dich fest mit seinen kleinen grünen Armen. „Und jetzt komm, lass uns mitspielen!“
Er rennt los, lacht laut und versucht, einen der kleinen Füchse zu fangen. Und auch du lässt dich nicht zweimal bitten, stehst auf und saust so schnell du kannst hinter allen hinterher. Ihr rennt, flitzt umher, lacht, purzelt übereinander … und plötzlich ist es gar nicht mehr so wichtig, wer hier wen fängt. Ihr habt einfach Spaß am Rennen, bis ihr alle nicht mehr könnt und erschöpft vor dem Höhleneingang auf den Boden sinkt. Die kleinen Füchse sind nun wirklich müde, verabschieden sich von dir und verschwinden wieder in der Höhle. Nur Fredi dreht sich noch einmal zu dir um und lächelt dich an. Du spürst genau, dass er einfach Danke sagen möchte. Du winkst ihm, und dann ist auch er im Dunkel des Fuchsbaus verschwunden.

Gemeinsam mit dem Waldgeist machst du dich nun mit deiner Plastiktüte voll Müll auf den Rückweg, nur rennt ihr dieses Mal nicht, sondern spaziert gemütlich durch den Wald, bis ihr wieder an dem Baum ankommt, bei dem ihr euch vorhin begegnet seid.

„Ich möchte dir auch nochmal danken“, sagt das kleine grüne Kerlchen. Seine Knubbelnase zuckt wieder, auch das Grinsen ist wieder da. „Du bist hier stets willkommen, _________*(Name des Kindes)*! Und wenn du selbst mal irgendwann Bauchweh hast oder irgendetwas anderes, dann erinnere dich an die grüne Kraft, die du vorhin gespürt hast. Die kam nicht nur aus mir, sondern aus dem ganzen Wald und auch aus dir! Und du kannst sie immer spüren, wenn du an den Wald denkst und die Kraft einfach in dir fließen lässt ... Probier es einfach aus, wenn du magst!“
Und mit diesen Worten springt er wieder auf den Ast, auf dem er vorhin schon saß, und winkt dir grinsend zu. Auch du winkst und machst dich auf den Rückweg, nimmst die Plastiktüte mit aus dem Wald und steckst sie in den ersten Mülleimer, der dir in deiner Straße begegnet. Du begibst dich wieder zu dem Haus, in dem du wohnst, kommst wieder zurück in dein Zimmer oder wo immer du dich gerade befindest ... nimmst noch drei tiefe Atemzüge und öffnest nun langsam deine Augen.
Willkommen zurück von deinem Abenteuer!

Fröhlich sei dein Tag! Fröhlich und voll grüner Kraft sei dein Leben!

Der Milan und der warme Wind

In dieser Reise können Kinder ganz in ein **URVERTRAUEN** eintauchen und erfahren, dass **DIE WELT SIE TRÄGT,** ohne dass sie dafür irgendeine Form von Leistung erbringen müssten.

Setz oder leg dich bequem hin und atme dreimal ganz tief und langsam durch. Das macht deinen Geist ruhig und ist eine ganz wunderbare Vorbereitung auf unsere Reise. Spür kurz mal in deinen Körper hinein: deine Füße, deine Beine, deinen Rücken, deinen Bauch und die Brust, deine Schultern, Arme und Hände, deinen Kopf und dein Gesicht. Du kannst alles ganz locker lassen und einfach nur atmen.

Jetzt bist du bereit für unsere Reise, oder? Dann kann es ja losgehen!

Mit dem nächsten Atemzug kannst du dich in die Welt deiner Fantasie gleiten lassen und dir vorstellen, wie du an einem schönen, warmen Sommertag auf einer Waldlichtung stehst. Ringsum siehst du hohe Bäume mit dichten grünen Kronen, die sich in den blauen Himmel recken; die Luft ist erfüllt vom Brummen der Insekten und dem Gesang der vielen Vögel, die ihre Nester in den Ästen der Bäume gebaut haben.

In der Mitte der Lichtung erhebt sich ein grauer Stein, fast genauso groß wie du, um den herum sich kräftiges grünes Gras in alle Richtungen erstreckt. Kleine Blumen in vielen verschiedenen Farben haben ihre Blüten geöffnet und duften ganz wunderbar, verleihen diesem Sommertag eine ganz besondere Note.

Irgendetwas an diesem Stein zieht dich magisch an, und du gehst zu ihm, legst eine Hand auf ihn und spürst, wie warm er von der Sonne ist. Das fühlt sich richtig gut unter deiner Hand an - und da siehst du auch eine kleine braungescheckte Eidechse, die das wohl genauso schön findet wie du, sich hier auf dem Stein niedergelassen hat und sich aufwärmt. Sie schaut dich an, zwinkert dir zu ... und flitzt in eine Felsspalte.

Doch sie ist nicht verschwunden, weil sie Angst vor dir hatte, sondern wegen des Schattens, der jetzt plötzlich über den Stein zieht. Du schaust nach oben, schirmst deine Augen gegen die Sonne ab und entdeckst einen Raubvogel, der über

der Lichtung kreist. Seine weit ausgebreiteten Flügel sind schwarz-weiß, während seine Brust, sein Bauch und auch sein gegabelter Schwanz rotbraun im Licht schimmern. Er sieht wunderschön aus, kreist jetzt immer tiefer, kommt näher und landet dann direkt vor dir auf dem Stein. Er legt seinen weiß-grauen Kopf schief und schaut dich neugierig mit seinen hellen, durchdringenden Augen an.
„Keine Sorge", sagt er jetzt mit einer angenehmen Stimme. „Ich wollte der Eidechse nichts tun. Ich wollte nur hier landen, um dich zu treffen, ________ *(Name des Kindes)*."
Du bist ganz erstaunt. Er wollte dich treffen? Und er kennt sogar deinen Namen?
„Natürlich kenne ich deinen Namen", sagt er nun, als könne er deine Gedanken lesen. „Die Wölfe haben mir von dir erzählt, ebenso ein kleines Wildschwein und eine Kröte mit goldenen Augen. Du scheinst Tiere wirklich zu mögen und schließt schnell neue Freundschaften. Und da dachte ich, dass du vielleicht auch mal einen Rotmilan wie mich kennenlernen möchtest. Hast du vielleicht Lust, mit mir einen Ausflug zu machen?"
Sicher möchtest du das, aber wie soll das gehen? Wird der Rotmilan mit dir durch den Wald spazieren?
„Nein", lacht er. „Das wäre zu anstrengend für mich. Aber ich habe eine viel bessere Idee. Denn dieser uralte Stein, der so schön warm ist, ist nicht nur von der Sonne so warm. Es ist auch die Kraft seiner Magie, die du spüren kannst. Und wenn du dir wünschst, mit mir fliegen zu können, dann wir der Stein dir diesen Wunsch bestimmt erfüllen, denn wer Tiere so gern hat wie du, der wird auch von der Natur geliebt. Und? Magst du mit mir fliegen?"
Was für eine Frage ... Natürlich willst du das. Und kaum

hast du dich dafür entschieden, da merkst du auch schon, wie der Stein noch wärmer wird, anfängt zu schimmern und zu leuchten und wie eine geheimnisvolle Kraft von ihm ausgeht. Wie eine warme Welle fließt diese Kraft nun durch dich hindurch - und du spürst, wie dein Körper sich verändert: Du wirst kleiner, aus deinen Armen wachsen Federn, deine Hände werden zu Flügelspitzen, deine Füße werden kleine Krallen, deine Nase und dein Mund werden zu einem gelben gekrümmten Schnabel ... und plötzlich bist du auch ein Rotmilan!

Du schlägst ein paar Mal mit den Flügeln, hüpfst auf den großen Stein, bewegst deine Flügel weiter auf und ab ... und schwingst dich mühelos in die Lüfte. Der andere Rotmilan fliegt direkt neben dir und freut sich so sehr, dass er einen seiner typischen Rufe ausstößt. Ein hoher, langgezogener Ton, gefolgt von ein paar kürzeren Tönen.

„Du musst jetzt gar nicht mehr deine Flügel bewegen", ruft er dir zu. „Du musst sie nur ausbreiten und dem Wind vertrauen. Spürst du die warme Luft unter deinen Flügeln? Spürst du, wie sie dich immer weiter nach oben trägt?"

Und tatsächlich ... du musst nichts tun, kannst dich einfach tragen lassen und in einer Spirale immer weiter nach oben aufsteigen.

„Wunderbar, oder?", fragt dich der Milan. „Für mich ist das immer so, als würde die Welt mich mit ganz sanfter Hand nach oben heben. Sie hat mir meine Flügel geschenkt und den Wind. Warme Luft steigt von ihr auf und trägt mich. Einfach so, weil ich bin, was ich bin."

Und wieder stößt er seinen hellen Ruf aus, als würde er der Erde ein großes „Danke" zurufen wollen. Ein „Danke" und ein „Meine Güte, macht das Spaß!".

Du findest es auch toll hier oben, kreist ohne jede Anstrengung in der Luft, siehst den schönen Wald unter dir und genießt einfach dieses Geschenk, dich tragen zu lassen. Mach das einfach eine Zeit lang, probier aus, wie es sich anfühlt ... und vielleicht magst du ja auch vor Freude einen Rotmilan-Ruf von dir geben. Ein „Danke", ein „Juchhu", ein „Ich wird verrückt, ich fliege ja ...".

Ihr kreist immer weiter zusammen durch die Luft, die euch trägt. Der Wind streift durch eure Federn, die warmen Luftströmungen führen euch hierhin und dorthin.
Dann neigt sich dein Rotmilan-Freund ein wenig nach vorne und sinkt langsam zur Erde und zur Waldlichtung zurück. Ganz leicht machst du ihm das nach, es ist alles ganz einfach und überhaupt nicht anstrengend.
In großen Kreisen sinkst du herab, immer hinter deinem Freund her, und landest dann neben ihm auf dem Stein, wo ihr gestartet seid.
Sofort fühlst du das Kribbeln der Magie, die Kraft des uralten Steines, die dich durchströmt. Deine Flügel werden wieder zu Armen und Händen, deine Krallen wieder zu Füßen, die Federn und der Schnabel verschwinden ... und du bist wieder ganz du, wie du dich kennst.

„Es war mir wirklich eine Freude", sagt der Rotmilan zu dir. „Und ich hoffe, es hat dir auch Spaß gemacht! Vielleicht kannst du dich in Momenten, wenn du dich mal nicht so wohlfühlen solltest, daran erinnern, wie es war, vom Wind getragen zu werden. Genauso wie der Wind trägt dich nämlich auch die Erde, über die du läufst, oder das Wasser,

in dem du schwimmst. Diese Welt ist ein so freundlicher Ort und meint es gut mit allen Wesen. Einfach so, ohne dass man dafür etwas tun muss. Gute oder schlechte Noten in der Schule, Erster oder Letzter beim Wettrennen, aufgeräumtes Zimmer oder nicht ... das ist der Welt alles egal. Sie hat dich einfach so lieb!“
Und mit diesen Worten breitet er seine Flügel aus und schwingt sich wieder in den Wind. Sofort findet er wieder einen warmen Luftstrom und kreist immer weiter in die Höhe. Getragen. Genau wie du.
Und da erklingt auch wieder sein heller Ruf. Ein „Danke“ an die Welt und ein Gruß an dich.

Du atmest dreimal tief durch, reckst dich ein wenig und öffnest dann ganz langsam wieder deine Augen. Willkommen zurück in deinem Alltag, der genauso zauberhaft ist wie deine Reisen, der genauso von der Welt umfangen und umhüllt wird.

Fröhlich sei dein Tag, fröhlich und voller Vertrauen sei dein Leben!

Können Eichhörnchen meditieren?

In dieser Reise können Kinder **RUHE FINDEN** und erfahren, dass **MEDITATION** etwas ganz Simples ist, was wirklich jeder tun kann.

Wie wäre es heute mit einem ganz besonderen Ausflug, auf dem du neue Freunde kennenlernen kannst?
Dann atme jetzt dreimal tief durch, setze oder lege dich bequem hin, schließ sanft deine Augen und spüre mal kurz in deinen Körper hinein. Kannst du deine Füße spüren? Deine Beine? Deinen Rücken? Deine Brust, deinen Bauch, deine Schultern und Arme? Wie ist es mit deinem Kopf und deinem Gesicht? Kannst du all das spüren? Und kannst du auch spüren, wie dein Atem ganz von allein kommt und geht?
Dann bist du jetzt bereit für ein neues Abenteuer!

Lass dich nun mit deinen nächsten Atemzügen in die Welt deiner Fantasie gleiten und stell dir vor, wie du einen schönen Waldweg entlanggehst. Der Boden unter deinen Füßen ist ganz weich, weil so viel Tannennadeln dort liegen. Es riecht auch ganz stark danach - ganz würzig und schön.
Der Weg schlängelt sich durch den Wald, du hörst die Vögel zwitschern und in der Ferne röhrt ein Hirsch. Kannst du ihn hören? Ein echt tolles Geräusch!

Langsam gehst du weiter, schaust dich um, betrachtest die Bäume und die kleineren Pflanzen, die zwischen ihren Wurzeln wachsen ... und siehst dann plötzlich, wie ein großer Farn zittert, dann ein Gebüsch gleich daneben und dann eine kleine Tanne, die noch nicht sehr hoch gewachsen ist. Überall raschelt und knackt es. Und dann erkennst du, woher diese Unruhe und die Geräusche kommen. Drei junge Eichhörnchen mit rotem Fell und buschigen Schwänzen spielen in den Ästen Fangen. Sie flitzen hierhin und dorthin, überschlagen sich fast, hüpfen von einem Gebüsch zum anderen, quietschen und keckern vor Freude und Aufregung. Sie springen übereinander, kugeln herum ... und niemand scheint zu wissen, wer hier eigentlich wen fängt und was das alles soll. Es scheint aber auch niemandem etwas auszumachen. Die kleinen Racker sind so beschäftigt, dass sie dich gar nicht bemerken, und du kannst einfach zuschauen, wie die Kleinen sich beim Toben völlig verausgaben.

Dann kommen sie endlich zur Ruhe. Atemlos hocken sie auf einem Ast, ungefähr in der Höhe deines Kopfes, und entdecken nun, dass sie einen Zuschauer haben. Sofort fangen alle drei an, aufgeregt durcheinanderzureden: „Ui, du bist doch __________ *(Name des Kindes)* ...“
„Bist du schon lange hier?“
„Hallo, hallo ... Kuck mal ... Kannst du auch so schnell klettern wie wir?“
„Warum hast du kein Fell?“
„Magst du Nüsse?“
„Oh, mir fällt eine gute Frage ein ... Kannst du von einem Baum zum anderen springen?“

„Sammelst du schon Vorräte für den Winter? Wie viel hast du schon beisammen? Magst du Schnee? Kannst du mit Bucheckern werfen?“

Die drei reden so viel, stellen so viele Fragen, dass du gar nicht dazwischenkommst und auch keine Antworten geben kannst. Das scheint aber niemanden zu stören. Doch dann hören sie auf, durcheinanderzureden und schauen dich erwartungsvoll an.

„Na, was ist?“, fragt das Eichhörnchen, das etwas größer als seine Geschwister ist. Und das Kleinste meint: „Ich glaube, du bist eher so ein ruhiger Vertreter, was?! Dann musst du unbedingt unseren Opa kennenlernen, der ist auch ganz ruhig.“

„Oh ja, Opa ...“, ruft das dritte Eichhörnchen. „Wir bringen dich zu Opa. Der kann nicht mehr so gut klettern, aber er ist trotzdem das coolste Eichhörnchen, das es gibt!“

Die drei kichern und springen auf ihrem Ast hin und her. Und da sie es einfach nicht mehr abwarten können, dich ihrem Opa vorzustellen, laufen sie schon mal los. Du denkst erst, dass das bestimmt schwierig wird, ihnen zu folgen, weil sie so schnell sind. Aber dann merkst du, dass sie ständig hin und her laufen, doppelte und dreifache Weg machen, übereinander stolpern und sich gegenseitig umrennen ... und somit sind sie dann doch nicht so schnell und du kannst ihnen leicht zu einer großen alten Buche folgen. Sich fast überschlagend rasen die drei Eichhörnchen zu einer Öffnung im Baumstamm hinauf, die sich ein paar Meter über deinem Kopf befindet. Kurz bevor sie dort ankommen, schaut ein ganz

graues Eichhörnchengesicht mit fast schneeweißem Backenbart aus dem Dunkel der Höhle und rümpft das Näschen.

„Oje, die drei Verrückten ...", lacht Opa Eichhörnchen. „Und wer bist du?" Du willst dich vorstellen, aber da ruft eines der drei Eichhörnchen schon mehrmals deinen Namen und flitzt wieder den Baumstamm herab. Und wieder herauf. Und wieder herab. Die anderen beiden hüpfen derweil auf einem Ast vor der Höhle hin und her.

„Wartet unten auf mich", sagt nun Opa Eichhorn, „ich komme sofort zu euch."

Und zack ... da sitzen die drei Eichhörnchen auch schon neben dir auf einem alten Baumstumpf. Auch du setzt dich, denn es ist genug Platz für euch alle.

Langsam kommt Opa Eichhorn aus seiner Höhle geklettert, steigt gemächlich den Baumstamm herunter, schlurft über den Waldboden, steigt unendlich langsam über einen

Tannenzapfen hinweg und klettert ganz in Ruhe den Baumstumpf herauf, um sich seufzend neben seine Enkel zu setzen.
Die kleinen Eichhörnchen trippeln mit den Füßen, hüpfen noch ein wenig auf und ab, beruhigen sich aber langsam.
„Na?", meint Opa, „ihr seid heute aber wieder auf Krawall gebürstet, was?! Und was ist mit dir, ________ *(Name des Kindes)*? Du scheinst ein bisschen entspannter als meine Enkel zu sein." Er lacht, und du merkst gleich, dass er seine Enkel sehr, sehr lieb hat.
„Ich habe etwas für euch", sagt er nun. „Schaut mal dort in die Lücke im Baumstumpf. Da drüben, ja ..." Die drei kleinen Eichhörnchen sind schon dort und kramen etwas hervor: fünf große Haselnüsse!
„Die habe ich für uns aufbewahrt. Für jeden eine."
Jeder von euch hält nun eine Haselnuss. Du hältst sie zwischen Daumen und Zeigefinger, die anderen brauchen beide Hände bzw. Vorderpfoten dafür. Eines der kleinen Eichhörnchen will schon anfangen zu knabbern, aber Opa Eichhorn schüttelt den Kopf: „Nein, nein, wartet noch ein bisschen. Nur ein bisschen. Schaut euch die Nuss doch erst einmal genauer an."
Du drehst die Nuss in deinen Fingern, betrachtest sie von allen Seiten. Unterschiedliche Brauntöne, die feinen Riefen und Rillen in der Schale, das lustige grüne Fransenhütchen an einem Ende ... Deine Finger streichen über die Nuss, fühlen die Rillen, ertasten die grünen Hüllblätter und auch einen Riss in der Schale, der von einer Seite der Nuss bis zur anderen reicht.
Auch die drei kleinen Eichhörnchen drehen ihre Nüsse in ihren kleinen Händen und schielen sie ganz genau an, weil

sie sie so nah vor ihre zuckenden Nasen halten.

Opa Eichhorn muss wieder lachen: „Schaut sie euch ruhig mal genau an. Schnuppert auch an ihnen, befühlt sie von allen Seiten. Solche Nüsse sichern unser Überleben im Winter. Ohne sie würden wir vielleicht hungern. Da kann man sie ruhig mal genauer ansehen und damit Danke sagen. Und wenn ihr jetzt anfangt zu knabbern, macht das langsam. Ihr habt ja jede Menge Zeit ...“

Etwas verunsichert schauen sich die kleinen Eichhörnchen an. Aber dann fangen sie an, ganz langsam, ihre Nagezähne an der Nussschale anzusetzen.

„Deine Nuss hat schon einen kleinen Riss in der Schale, ________*(Name des Kindes)*. Wenn Du mit beiden Händen darauf drückst, geht sie bestimmt auf.“

Und tatsächlich: Du musst nur relativ leicht drücken, die Schale bricht in zwei Hälften und der Haselnusskern liegt auf deiner Handfläche. Du schnupperst an ihm und steckst ihn dann in den Mund, beginnst zu kauen. Ganz langsam breitet sich der Geschmack in deinem Mund aus. Ganz zart und frisch, und auch ein klein wenig bitter. Aber nicht unangenehm, ganz im Gegenteil. Ein ganz eigener, ganz wunderbarer Geschmack. Wenn man sich so darauf konzentriert, ist das wirklich etwas ganz Besonderes.

Auch die drei kleinen Eichhörnchen knabbern andächtig ihre Nuss, schmatzen ein bisschen und schauen ihren Opa an.

Der lächelt und nickt den dreien zu. „Seht ihr ...?! Man muss sich nicht immer bei allem beeilen. Manchmal ist das genaue Gegenteil viel besser, denn dann hat man mehr vom Leben, schmeckt die Nuss überhaupt erst.“

Recht hat er, der Opa Eichhorn. Gemeinsam sitzt ihr auf dem Baumstumpf und mampft ganz langsam eure Nüsse. Je länger ihr kaut, desto besser schmecken sie. Das ist wirklich spannend!
Opa blickt dich unter seinen buschigen grauen Augenbrauen hinweg an und lächelt. „Jetzt weißt du, wie Eichhörnchen meditieren lernen, ________*(Name des Kindes)*. Einfach darauf achten, was in diesem Moment gerade los ist. Das ist auch schon alles. Immer mal wieder ganz langsam eine Nuss oder eine Himbeere essen und das richtig genießen. Immer wieder mal tief einatmen und die Luft spüren. Ab und an mal auf die Baumrinde unter den Pfoten achten. Und wenn man dann so alt wie ich ist, das immer öfter machen und jeden Tag mehr wissen, wie toll die Welt eigentlich ist. Verstehst du?"
Du nickst, denn diese Haselnuss, die du so langsam gegessen hast, schmeckte viel stärker nach Haselnuss als alle anderen Haselnüsse, die du zuvor in deinem Leben gegessen hast.
„So ...", wendet sich Opa Eichhorn nun an seine Enkelkinder. „Ihr drei bringt ________*(Name des Kindes)* jetzt langsam zurück. Und wenn ihr morgen wieder kommt, gibt es für jeden eine frische Brombeere zum Langsam-Essen."
Er drückt die kleinen Eichhörnchen und verabschiedet sich nun auch von dir. „Vielleicht kannst du das Langsam-Essen ja auch mal mit deinen Eltern zusammen machen. Ihr habt doch bestimmt auch Vorräte in eurem Bau, oder?"
Du erzählst ihm von eurer Wohnung oder eurem Haus und von euren Küchenschränken ... und er staunt nicht schlecht.
„Jede Menge Gelegenheiten zu meditieren", lacht er.

Du verabschiedest dich nun auch und lässt dich von den drei Eichhornkindern wieder zurückführen, während Opa Eichhorn in seine Baumhöhle zurückklettert. Die drei Kleinen sind nun nicht mehr so aufgeregt, sondern laufen mehr oder weniger ruhig vor und neben dir her. Dann erreicht ihr das Gebüsch, wo ihr euch vorhin das erste Mal getroffen habt und versprecht euch gegenseitig, bald mal wieder gemeinsam Opa Eichhorn zu besuchen und mit ihm zu meditieren.
Die drei verschwinden in den Ästen eines Baumes ... und du reckst und streckst dich, öffnest langsam deine Augen und bist wieder zurück.
Vielleicht magst du das Langsam-Essen und Genau-Schmecken ja wirklich mal gemeinsam mit deinen Eltern ausprobieren. Und vielleicht magst du ja mal ein paar Haselnüsse oder Walnüsse aus euren Vorräten gemeinsam mit deinen Eltern in den Wald legen. Opa Eichhorn ist bestimmt dankbar, wenn er genügend Nüsse findet, mit denen er seinen zappeligen Enkelkindern Meditation beibringen kann. Und wahrscheinlich isst er selbst auch ganz gern mal eine Nuss ...

Fröhlich sei dein Tag, fröhlich und ganz entspannt sei dein Leben!

Björn, der bärenstarke Bär

In dieser Reise lernt das Kind, dass Prahlerei nie eine gute Idee ist, dass auch der Allerstärkste mal **HILFE BRAUCHT** und dass die besten **HEILMITTEL IN DER NATUR** zu finden sind.

Wenn du magst, können wir heute wieder einmal einen Ausflug in den Wald machen und einen neuen Freund kennenlernen. Er ist verdammt groß und ziemlich stark … Bestimmt gut, wenn man so jemanden zum Freund hat, oder?!
Dann beginnen wir wieder mit unserer Vorbereitung: Schließe deine Augen, mach es dir bequem und werde ganz ruhig, indem du ein paar tiefe Atemzüge nimmst. So kannst du Kraft sammeln für ein neues Abenteuer!

Nun lass mit den nächsten Atemzügen Bilder deiner Fantasie in dir auftauchen. Sieh dich selbst, wie du einen schönen Waldweg entlanggehst. Links und rechts von dir wachsen überall die allerschönsten Bäume: Buchen und Eichen, die sich in den Himmel recken, dazwischen auch immer wieder hohe dunkle Fichten, deren Duft dich trotz des sommerlichen Wetters an Weihnachten erinnert. Der Boden ist weich, deine Schritte federn richtig, und du gehst beschwingt immer

weiter in den Wald hinein, während die Vögel singen und du hier und dort das eine oder andere Tier erblicken kannst, bevor es im dichten Unterholz verschwindet. Du siehst ein paar Kaninchen, die sofort davonhuschen; auch einen Igel, der ganz gemächlich den Waldweg überquert; und ebenso eine Gruppe Rehe, die dich neugierig anschaut und dann ganz langsam zwischen den Bäumen verschwindet.

Jetzt bist du schon eine Weile unterwegs in diesem schönen Wald und hörst plötzlich jemanden laut rufen: „Hau ruck! Hau ruck!" Kurz danach hörst du es laut krachen, und du fragst dich, was da wohl los ist. Du schleichst dich näher an das Geräusch heran und entdeckst einen großen Braunbären, der aufrecht dasteht, mit seinen Vordertatzen einen Steinbrocken festhält und ihn mit einem „Hau ruck!" über den Kopf stemmt. Und noch einmal: „Hau ruck!"

Dann lässt er den Stein sinken und lässt ihn aus Hüfthöhe einfach fallen. Krachend landet er auf einem anderen Stein.

Schnuppernd dreht sich der Bär plötzlich zu dir um, schnuppert noch einmal in die Luft und sagt dann lächelnd: „Ah, ________ *(Name des Kindes)*, komm ruhig näher. Sicher willst du dir den stärksten Bären der Welt ganz genau ansehen, oder?"

Natürlich gehst du jetzt ein bisschen näher heran, aber eher aus Höflichkeit. Wenn man sich unterhält, bleibt man ja nicht in zehn Metern Entfernung stehen.

„Wusstest du eigentlich, dass ich der stärkste Bär der Welt bin, ________ *(Name des Kindes)*? Ja, es ist tatsächlich wahr. Die größten Muskeln, die größten Kräfte - das bin ich: Björn, der bärenstarke Bär!"

Er grinst übers ganze Gesicht und ist sehr stolz auf sich. Eigentlich fehlt nur noch, dass er sich selbst auf die Schulter klopft ...
„Ich zeige dir mal, wie stark ich bin. Sicher bist du schon ganz neugierig, hm? Also Achtung ... ich werde jetzt diesen Stein dort anheben. Es ist übrigens der schwerste Stein der Welt, falls dich das interessiert ... Tritt lieber einen Schritt zurück, sodass du nicht von meinen Muskelbergen in Aktion umgeworfen wirst."
Irgendwie ist das ja echt süß, wie sehr der Bär von sich überzeugt ist. Und sicherheitshalber gehst du wirklich einen Schritt zurück, denn falls der Bär den Stein fallen lässt, möchtest du ihn ungern auf den Fuß bekommen.
Björn, der Bär, bückt sich nun und hievt ächzend den Stein nach oben, ruft dann sein übliches „Hau ruck!" und stemmt ihn über den Kopf. Wie eben auch, macht er das zweimal, aber dann fällt ihm wohl ein, dass er dich noch mehr beeindrucken möchte - aus dem Augenwinkel schielt er zu dir herüber und probiert es noch ein drittes Mal: „Hau ru ... oje!" Der Stein ist doch zu schwer für ihn und rutscht ihm aus der kraftlos gewordenen Tatze, streift sein Knie und fällt ihm auf die Hinterpfote.
„Au ... au ... au ...", schreit Björn und hüpft verzweifelt auf einem Bein herum, während er sich den verletzten Fuß hält. „Au ... menno, das zwiebelt ..." Dann lässt er sich auf seinen dicken Hintern plumpsen und lehnt sich an einen Baum. Er jammert weiter vor sich hin und schnieft, und jetzt siehst du auch Tränen in seinen braunen Bärenaugen glitzern. Vorsichtig kommst du näher, legst ihm eine Hand auf den Arm und tröstest ihn ein bisschen.

Langsam beruhigt er sich und du schaust dir sein Knie und seine Hinterpfote an. Ganz schön üble Schrammen! Aber das ist ja auch kein Wunder, bei so einem schweren Stein!
Björn fährt sich mit seiner Tatze über die Nase und wischt sich auch die Augen. „Das sind übrigens keine Tränen, falls du das glaubst. Das ist einfach Schweiß vom vielen Trainieren …“, sagt er, aber er weiß wahrscheinlich auch, dass du ihm das nicht glaubst. Das macht aber auch nichts, denn du findest es ja nicht schlimm, wenn jemand weint, weil er Schmerzen hat. Auch nicht, wenn er ein riesiger Bär ist!
„Könntest du mir vielleicht einen Gefallen tun?“, fragt Björn dich jetzt. „Könntest du mir Ringelblumen besorgen? Die helfen gut, wenn man sich mit dem schwersten Stein der Welt verletzt hat …“
Klar, machst du das. Du versprichst ihm, dass du die Blumen besorgen wirst. Er muss dir nur beschreiben, wie sie aussehen und wo du sie findest.
„Am besten gehst du ein paar Minuten in diese Richtung dort“, weist Björn mit seiner Tatze. „Dort ist eine Lichtung im Wald, auf der viele Blumen wachsen. Die Ringelblume erkennst du sofort, sie ist klein und hat orange Blüten mit ganz vielen länglichen Blütenblättern. Nicht zu verfehlen!“

Schon läufst du los, schließlich möchtest du deinem großen Freund helfen. Nach wenigen Minuten bist du auch schon auf der Lichtung angekommen. Dort wachsen jede Menge Gänseblümchen. Die kennst du gut. Und dort siehst du mehrere Brombeerbüsche. Aber wo ist die … ah, da! Die kleinen orangen Blüten leuchten in

der Sonne, und schnell pflückst du ein paar von ihnen, um dann wieder zurück zum verletzten Björn zu laufen.
Der freut sich schon sehr, dich zu sehen. Du gibst ihm die Ringelblumen und ohne zu zögern steckt er sie sich in seinen Mund und fängt an, darauf herumzukauen. Mit vollem Mund kauend, erzählt er dir: „Du wunderft dich beftimmt, warum ich mich fo gut mit Pflanfen aufkenne ... Bären find die beften Heiler im Wald, weift du?! Ihr Menffen habt ganf viel von unf gelernt. Ehrlich, daf ftimmt!"
Dann spuckt er sich einen orangen Brei in die Tatze und beginnt, sein Knie und seinen Fuß damit einzureiben.
„Wirklich, ________(Name des Kindes)! Ich weiß, ich hab eben vielleicht ein bisschen angegeben. So mit ‚stärkster Bär der Welt' und ‚schwerster Stein der Welt' und so. Und vorhin war das auch kein Schweiß, sondern ich hab wirklich ein kleines bisschen geweint. Aber das mit den Kräutern stimmt wirklich. Die Indianer und viele andere Naturvölker betrachten uns Bären zum Beispiel als ganz große Heiler und es gibt viele Geschichten über uns, wie wir aus Kräutern Medizin herstellen!"
Jetzt scheint er fertig zu sein und steht zögerlich auf. Er humpelt noch ein bisschen, aber es scheint schon viel besser zu sein. „Ringelblume ist das Beste bei Schrammen", sagt er. „Frag mal deine Eltern, die haben bestimmt auch Ringelblumensalbe im Haus. Also, hab vielen Dank, ________(Name des Kindes)! Du hast mir wirklich sehr geholfen."
Er nimmt mit seiner großen Tatze deine Hand, und gemeinsam geht ihr den Waldweg zurück in die Richtung, aus der du kamst. Es ist toll, so einen großen Freund zu haben. Björn mag manchmal ein bisschen angeben, aber

er hat wirklich ein gutes, großes Herz. Und in diesem Herz ist immer Platz für dich!
„Wenn du das nächste Mal herkommst, kann ich dir gern noch mehr Kräuter zeigen", verspricht er. „Das ist auch ungefährlicher, als Steine anzuheben!"
Ihr müsst beide lachen - und dann drückt dich Björn an sich, bedankt sich noch einmal und verabschiedet sich von dir. Auch du drückst ihn kräftig (so ein Bär kann das vertragen!) und sagst ihm „Auf Wiedersehen!".
Dann dreht Björn sich um und trottet zurück in den Wald. Ein kleines bisschen hinkt er noch, aber das wird sicher bald wieder völlig in Ordnung sein. Die Ringelblume scheint wirklich toll zu wirken - und offenbar kennen sich Bären tatsächlich gut mit Heilkräutern aus.
Ganz langsam kommst du nun zurück hierher an den Ort, wo du diesem Abenteuer gelauscht hast, reckst und streckst dich ein wenig und öffnest dann langsam deine Augen.
Vielleicht lernst du bald mehr über die Heilkräuter, die in der Natur wachsen, und vielleicht wirst du eines Tages ja sogar Arzt oder Ärztin, wer weiß?! Und wenn du dabei Rat brauchst, hast du jetzt ja jemanden, den du fragen kannst: Björn, den bärenstarken Bären und Kräuterdoktor!

Fröhlich sei dein Tag, fröhlich und voller Wissen der Natur sei dein Leben!

Die Angst, der Hase und du

Hier lernt das Kind jemanden kennen, der gar nicht den üblichen Vorstellungen entspricht, sondern ganz anders ist. Ebenso lernt es, **GENAU HINZUSEHEN,** um Dinge richtig einschätzen zu können. Und darüber hinaus versteht es, dass es manchmal etwas dauern kann, um **FREUNDSCHAFTEN** zu schließen.

Hast du dich schon einmal vor etwas gefürchtet? Und hat dich dann schon mal jemand Angsthase genannt? Jemand, der wahrscheinlich gar keine Ahnung davon hat, wie mutig Hasen in Wirklichkeit sind? Und schon gar keine Ahnung davon, wie mutig du in Wirklichkeit bist?

Vielleicht magst du heute ja einen ganz mutigen und abenteuerlustigen Hasen kennenlernen, der sich schon ganz doll auf dich freut.

Dann atme dreimal tief durch und mache es dir richtig bequem. Kuschel dich in eine Decke, lümmel dich in einen Sessel oder leg dich einfach auf den Boden. Und dann schließe sanft deine Augen und achte für ein paar Momente darauf, wie dein Atem kommt und geht …

Und jetzt, wo du gut vorbereitet bist, kannst du auf Reisen gehen, deine Fantasie nutzen, um wunderbare Bilder auftauchen zu lassen ... Du siehst dich selbst inmitten von Feldern und Wiesen. Die Sonne scheint, das Getreide ist goldgelb, die Wiesen von frischem Grün. Am Rand der Felder stehen Bäume in voller Pracht: Buchen, Birken, ein paar Eichen, und auch Obstbäume, die mit Birnen und Äpfeln beladen sind. Überall zwitschert es in den Bäumen und die Luft ist erfüllt von den Düften des Sommers, die dir vom warmen Wind zugetragen werden.
Ein kleiner Bach plätschert durch die Wiesen, und du siehst eine kleine steinerne Brücke, die in einem schön geschwungenen Bogen darüber führt.

Langsam streifst du durch diese Landschaft, schaust dich um und genießt das schöne Wetter. Ein toller Tag, und so viel zu entdecken: Mäuse, die auf den Feldern herumflitzen und fleißig Körner sammeln; Schmetterlinge, die auf den Wiesen von Blüte zu Blüte flattern; und drei junge Katzen, die am Fuß eines Baumes spielen. Du schaust ihnen zu, genießt die Sonne auf deinem Gesicht und fühlst dich richtig wohl.

Da tauchen am Horizont ein paar dunkle Gewitterwolken auf - wie das einfach manchmal so ist im Sommer. Sie türmen sich auf, grau, fast schwarz, und kommen mit dem Wind immer näher. Hui, die sind ganz schön schnell ...

Urplötzlich donnert es! Ein rie-

siger, dröhnender Knall - und du erschreckst dich, zuckst richtig zusammen. Meine Güte, das war aber laut!
Und da ... nochmal! Es rummst richtig in der Luft, und du kannst das nicht nur hören, sondern auch spüren.
„Angsthase!", hörst du da auf einmal ein paar Stimmchen rufen. „Angsthase!" Und dann kichert jemand. Du schaust dich um und siehst die drei jungen Katzen, die zu dir herübersehen. Nochmal rufen sie: „Angsthase!"
Ganz schön gemein! Du hast dich doch nur erschrocken ...
Die Katzen kichern und schubsen sich gegenseitig mit den Schultern an.

Doch da erklingt eine sanfte, aber doch laute und volle Stimme: „Glaubt ihr wirklich, dass Hasen Angst haben?"
Und da steht er, angelehnt an einen Baum, die Vorderpfoten verschränkt und einen Getreidehalm im Mundwinkel: ein Hase. Aber definitiv der coolste Hase, den du je gesehen hast. Er stößt sich vom Baumstamm ab und kommt zu dir herübergeschlendert. Lässig kaut er auf dem Getreidehalm herum und stellt sich neben dich.
„Ich verzeihe euch mal", sagt der Hase zu den drei Katzen, „denn ihr wisst wohl nicht, dass das hier ________ *(Name des Kindes)* ist, eines der mutigsten und hilfsbereitesten Kinder, die es überhaupt gibt. Und daher haben wir ________ *(Name des Kindes)* zum Ehrenhasen ernannt, weil wir Mut sehr schätzen."
Es donnert wieder. Jetzt noch viel lauter und viel näher. Eine der Katzen schaut unsicher zum Himmel auf. Den Hasen stört das Gedonner aber scheinbar überhaupt nicht, und du fühlst dich neben ihm auch wohl. Er macht den Eindruck, als wüsste er, was er tut.

Wieder rummst und grollt es laut am Himmel und die ersten Regentropfen fallen. Jetzt werden die Katzen ziemlich unruhig, denn Wasser mögen sie überhaupt nicht. Und da zerreißt ein heller Blitz die Wolken und das darauf folgende Donnern klingt wie eine riesige Trommel, auf die jemand Steinbrocken wirft. Die Katzen erschrecken sich so sehr, dass sie mit allen vier Beinen in die Höhe springen und dann davonrasen.

Der Hase lächelt dir zu. „Von wegen Angsthase ...", meint er. „Komm mit, ich kenne einen guten Ort, wo wir das Gewitter abwarten können."

Er schlendert mit dir gemeinsam zur Brücke, die über den kleinen Bach führt, und ihr setzt euch darunter. Dort ist es trocken und angenehm. Und während über euch das Gewitter tobt und es jetzt wie aus Eimern regnet, habt ihr es hier schön gemütlich.

„Weißt du ...", fängt der Hase an zu erzählen, „es ist gar nicht schlimm, wenn man sich erschreckt. Und sich auch mal zu fürchten, ist ebenfalls nicht schlimm. Manchmal passieren einfach Dinge, die wir nicht kennen, und dann werden wir unsicher. Aber wenn wir dann genau hinschauen und nicht sofort Hals über Kopf wegrennen, können wir sehen, worum es sich handelt und die Dinge werden halb so schlimm. Wenn man erstmal weiß, worum es geht, ist meist alles gut. Und ein Gewitter ist einfach ein Gewitter. Warme Luftschichten, kalte Luftschichten ... dann knallt es einfach mal am Himmel. Aber wenn man einen guten Ort zum Unterstellen hat, ist das gar nicht schlimm. Im Gegenteil: Der Regen tut der Natur gut! Und meist geht das Gewitter auch ganz schnell vorüber."

Du horchst auf den Donner, der immer noch über euch

ertönt, und wenn du ganz ehrlich bist, findest du nun sogar, dass es irgendwie toll klingt. Der Hase sieht, dass du anfängst zu lächeln, und sagt: „Einfach ein großes Gerumpel und Gepumpel, nicht viel dahinter, außer ein bisschen Regen."
Gerumpel und Gepumpel ... Du musst lachen, denn das klingt wirklich witzig. Und auch der Hase lacht. Das ist gut, so einen mutigen Freund zu haben, denn mit ihm kann man auch den eigenen Mut entdecken, der meist viel größer ist, als man dachte.

Da hört ihr irgendetwas in der Uferböschung des kleinen Baches im Gras herumtapsen, und plötzlich stehen drei klitschnasse Katzen bei euch unter der Brücke. Ganz jämmerlich sehen sie aus. Wirklich mitleiderregend.
„Na?", fragt der Hase. „Ein bisschen erschrocken, hm?" Aber er meint es gar nicht böse, und er trägt den jungen Katzen auch nichts nach. Er reißt zwei große Blätter von einem neben euch wachsenden Beinwell ab, reicht dir eins und fängt selbst an, eine der kleinen Katzen trockenzurubbeln. Und da sie dir auch wirklich leidtun, nimmst du dich auch einer der Katzen an und hilfst ihr, wieder halbwegs trocken zu werden. Und dann ist auch die dritte an der Reihe, bis sie alle etwas strubbelig, aber immerhin mit trockenem Fell, vor euch stehen.
„Danke", murmeln sie jetzt im Chor. „Und ... entschuldigung ... Wir haben es wirklich nicht böse gemeint ..."
Aber du hast ihnen schon verziehen, denn wahrscheinlich stimmt es, was der Hase vorhin gesagt hat: Sie wussten es wohl nicht besser und waren vielleicht einfach sehr übermütig! Da sagt man dann schon mal Sachen, über die man

nicht wirklich nachgedacht hat. Also: Schwamm drüber! Der Regen lässt nun nach, das Gewitter zieht weiter und der Donner wird leiser und leiser. Dann hört der Regen ganz auf und die Sonne kommt wieder zum Vorschein.
„Alle Mann wieder nach oben“, schlägt der Hase vor, und ihr klettert die Uferböschung hinauf, steht wieder auf der Wiese und lasst euch von der Sonne wärmen.
„Gewitter vorbei, Erschrecken vorbei!“, sagt der Hase. „Auslachen vorbei, blöde Gefühle vorbei! ... Und jetzt lasst uns was spielen!“ Und schon rennt er los, die Katzen hinterher, und auch du läufst so schnell du kannst, um mit ihnen Schritt zu halten. Ihr flitzt um die Bäume herum, über die Brücke und zurück und habt richtig Spaß dabei.

Und dann setzt ihr euch zusammen unter einen Baum, lasst euch noch etwas von der Sonne bescheinen und unterhaltet euch. Wenn man die Katzen erstmal richtig kennenlernt, sind sie eigentlich sehr nett. Manchmal dauert es halt etwas, bis man Freundschaft schließt ...
Und der Hase ist sowieso super! Mit dem wirst du bestimmt in Zukunft eine Menge Zeit verbringen, denn er lädt dich auch ganz freundlich ein, ihn immer wieder mal zu besuchen, um etwas über Mut zu lernen und mit ihm Abenteuer zu erleben.
Aber jetzt musst du erstmal wieder nach Hause zurück. Und daher verabschiedest du dich von den Katzen und vom Hasen und gehst langsam wieder zurück an den Feldern vorbei, an den Bäumen, den Mäusen, die nach dem Gewitter schon wieder unterwegs sind, um Getreidekörner zu sammeln ... und kommst dann ganz langsam wieder

zurück hierher, wo dir diese Geschichte vorgelesen wird. Ganz langsam öffnest du deine Augen und bist wieder ganz zurück!
Herzlich willkommen, ________*(Name des Kindes)*! Mutig, mit allen Tieren befreundet und immer genau hinschauend. Toll, dass es dich gibt!

Fröhlich sei dein Tag, fröhlich sei dein Leben!

Das Geheimnis unter dem Holunderbusch

Die in der Reise erlebbare Verbundenheit und Hilfsbereitschaft eignen sich gut, um das **SELBSTBEWUSSTSEIN ZU STÄRKEN,** ebenso bei Einsamkeit und Traurigkeit. Die Kräfte der heimischen Pflanzen sowie die Bedürfnisse der Feld- und Waldtiere näher kennenzulernen und in sich selbst **HILFREICHE KRÄFTE** zu entdecken, nährt das Verständnis für ein liebevolles Miteinander mit allen Wesen.

Mache es dir bequem. Sitze oder liege ganz entspannt und gemütlich und schließ ganz sanft deine Augen. Versuche in deinen Körper hineinzuspüren und lasse dann alles ganz locker: deine Füße, deine Beine, dein Becken, deinen Rücken, deine Schultern, deinen Bauch, deine Brust, deine Arme und Hände, deinen Nacken, deinen Kopf und dein Gesicht.

Bist du ganz entspannt? Atme noch dreimal tief durch, und dann kann unsere Reise losgehen ...

Stelle dir nun vor, dass du auf einem grünen Hügel stehst. Die Landschaft um dich herum besteht aus lauter solchen mit Gras bewachsenen Hügeln, alle ganz unterschiedlich hoch - und alle laden ganz herrlich zum Hinauf- und Hinunterrennen oder sogar Herunterkugeln ein. Du erkennst einen kleinen Bach, der glitzernd zwischen den Hügeln hindurchplätschert, und etwas entfernt siehst du einen leicht schattigen Waldrand. So viele wunderschöne Bäume und die Heimat so vieler Tiere ... Je näher du kommst, desto mehr erkennst du überall am Waldrand ganz viele winzig kleine weiße und hellgelbe Blüten. Sie hängen dort wie helle Schirmchen im Gebüsch. Jetzt, als du fast davorstehst, riechst du den unglaublich süßen Duft, der von ihnen ausgeht. Atme ihn mal ein, wenn du magst ...

Da plötzlich fiepst es ganz in deiner Nähe. Es klingt ein bisschen aufgeregt und dennoch recht leise. Du schaust dich um und kannst zunächst nichts entdecken. Es fiepst weiter und da, direkt an deinen Füßen, siehst du eine kleine braune Maus mit winzigen schwarzen Knopfaugen. Sie scheint mit dir zu sprechen, immer aufgeregter.

Weil die Maus so klein ist und du viel größer, lässt du dich auf deine Knie nieder und beugst dich noch ein bisschen mehr herab - und jetzt kannst du hören, dass sie nicht fiepst, sondern mit ihrem ganz leisen Stimmchen sehr schnell spricht.

„Du hast ein gutes Herz, stimmt's? Du bist ganz, ganz freundlich, richtig? Kannst du mir bitte, bitte helfen? Es ist ganz wichtig! Bitte komm!", sagt die Maus atemlos und stellt sich dabei immer wieder auf die Hinterfüßchen. Du nickst und bist natürlich bereit, der kleinen Maus zu helfen, wenn du kannst. Da flitzt sie auch schon los ...

Zielsicher bahnt sie sich den Weg am Waldrand entlang, während du ihr über ein paar größere Äste und unter tiefhängenden Zweigen folgst, bis sie endlich anhält und mit ihrer winzigen Vorderpfote winkt - damit du dich wieder zu ihr hinunterbeugst.

„Schau mal, hier ist mein Zuhause und das Zuhause meiner Freunde. Kannst du uns helfen?", fragt sie. Du siehst dich um und kannst kein Zuhause entdecken, nur einen dieser Büsche mit den vielen riesigen Blütenschirmen, die so sehr riechen. Die Maus erkennt deinen fragenden Blick und erklärt dir: „Hier unter den Ästen des Holunders wohne ich. Ich habe nämlich nicht wie andere Mäuse einfach ein Mausloch, sondern eine richtig große Halle aus Zweigen und Ästen. Wir haben unseren Bau mit ganz vielen kleinen Stöckchen gebastelt und es hat sehr lange gedauert, diese Kuppel unter dem Holunder zu errichten - weil wir so klein sind und nicht so viel tragen können. Kennst du den Holunder eigentlich? Eine wirklich ganz tolle Pflanze, die uns immer beschützt - aber nun hat unsere Kuppel Löcher vom starken Wind bekommen und es wird im Herbst und Winter dann viel zu kalt sein, wenn überall Wind, Regen und Schnee reinkommen können. Außerdem kann man uns mit all den Löchern leichter finden und das wollen wir ja nicht ..."

Langsam verstehst du ... die kleine Maus benötigt Hilfe beim Reparieren ihrer Wohnung. Du nickst - und schon erzählt sie dir noch mehr.

„Der Holunder beschützt uns, weil wir immer freundlich zu ihm sind. Wir begrüßen ihn immer, wenn wir an ihm vorbeigehen oder nach Hause kommen, und verabschieden uns auch.

Er mag es, wenn man ihn grüßt – wusstest du das?!“
Du schüttelst den Kopf und vielleicht musst du auch ein bisschen lachen … einen Baum oder Busch begrüßen? Klingt irgendwie seltsam, oder?
Aber die Maus kann dir das gut erklären: „Die Menschen sind früher nie an einem Holunder vorbeigegangen, ohne ihn zu grüßen und die Männer haben sogar den Hut gezogen – viele glaubten auch daran, dass der Holunder magische Kräfte habe … Das haben uns die ganz alten Mäuse erzählt. Wir lieben unser Zuhause hier auf jeden Fall sehr. Wenn du das mal sehen magst, dann komm gerne mit hinein, aber vergiss nicht, den Holunder zu grüßen …“
Natürlich magst du dir die Chance nicht entgehen lassen, wenn du schon einmal bei den Mäusen eingeladen bist. Wie deren Zuhause wohl aussieht? Und nachdem die Maus eine winzige Verbeugung vor dem Holunder macht und dann zwischen den Zweigen hindurchschlüpft, grüßt auch du den Holunder mit einem respektvollen Nicken und kriechst deiner neuen Freundin hinterher. Du passt gerade so unter den Zweigen hindurch, wenn du auf dem Bauch nach vorne robbst und dich mit Händen und Ellenbogen weiter voranschiebst.
Sobald du durch den engen Eingang hindurch bist, staunst du nur noch: Unter den Ästen des Holunders ist es gar nicht mehr eng, sondern eine wunderbare Kuppel aus kleinen Zweigen und Stöckchen öffnet sich über dir. Es sieht fast so aus, als hätte hier jemand einen großen, schönen

Korb geflochten und ihn umgedreht unter den Holunder gestellt.
Es ist ganz kuschelig und gemütlich, und hier und dort siehst du auch ein paar dicke Fellbüschel und auch kleine Federn zu Kissen geformt liegen – aber da erkennst du auch gleich das Problem: über manchen dieser Schlafplätze fehlen die schützenden geflochtenen Zweiglein und man kann einfach in den Wald hineinschauen. Du spürst auch den Wind ein wenig hindurchpfeifen und verstehst, dass hier dringend etwas getan werden muss. Die kleine Maus nickt dir dankbar zu: „Du hast es schon selbst entdeckt, stimmt's? Bitte hilf uns! Ich habe hier auch schon ein paar Zweige liegen, aber ich hole noch mehr und mein Freund auch. Der ist aber leider sehr schüchtern …"
Wie aufs Stichwort raschelt es nun weit hinten im Dunkel der Holunder-Kuppel. Dort scheint ein Gang zu sein … und da kommt plötzlich ein kleines, lustig aussehendes Männchen mit einer roten Mütze auf dich zu, ganz vorsichtig und langsam. „Ha… ha…hallo", stottert er unsicher, „kannst du uns helfen?"

Du nickst und er lächelt übers ganze witzige Gesicht. Sofort schleppt er auch noch mehr Zweiglein heran und du beginnst mit ihnen die Löcher in der geflochtenen Kuppeldecke zu flicken. Hier und da steckst du einen Zweig schräg hinein und andere darüber, schiebst später noch seitlich welche dazwischen und plötzlich hält die Maus dir ein großes Blatt hin. Eine super Idee! Du deckst mit dem Blatt ein größeres Loch ab und steckst die Zweige so geschickt in das Flechtwerk, dass das Blatt hält und die Lücke schließt. Fast so, als ob du dir zuhause unter dem Tisch mit Decken eine Höhle baust ... Für dich ist das gar nicht schwer und für die beiden kleinen Wesen eine große Hilfe. Wie wunderbar, dass ihr euch so gut ergänzt!
Und so bastelst du noch eine Weile so weiter und weiter ... Bis alle Löcher wieder geschlossen sind und das Zuhause wieder kuschelig und geschützt ist.

An deinen Beinen zupft es – und da stehen die braune Maus und der kleine Zwerg und strahlen dich an: „DANKE!“, rufen sie, „ohne dich hätten wir das niemals so schnell geschafft! Und es war ganz wichtig!“, ergänzen sie gleichzeitig. Dann grinsen sie und winken dich tiefer in den Höhlengang hinein, aus dem der Zwerg vorhin kam. „Wir haben nicht viel, was wir dir zum Dank schenken können ... aber wir können dir unser wertvolles Geheimnis zeigen, ja?“, fragt dich die Maus.
Beide laufen voraus und du kriechst wieder bäuchlings hinterher. Und da, ganz hinten und gut versteckt, siehst du etwas, das wahrscheinlich noch nie ein Mensch gesehen hat!

In einem dicken Fellbüschel haben sich winzige Mäuse-Babys aneinandergekuschelt, und direkt daneben liegen - du kannst deinen Augen kaum trauen! - Zwergen-Babys ... Strampelnde Zwergenkinder, alle schon mit roter Mütze auf ihren kleinen Köpfchen ... Was für ein Wunder! Und was für ein Geschenk, so etwas sehen zu dürfen!

Papa Zwerg wird nun aber doch wieder etwas unsicher, bedankt sich noch einmal und scheint dich zum Ausgang schieben zu wollen. „Wir haben noch nie einen Menschen in unser Zuhause gelassen und jetzt bin ich ein bisschen aufgeregt. Bitte versteh das! Es sind ja meine Babys und sie sind erst wenige Tage alt! Bitte verrate keinem, wo wir wohnen, ja?“
Fast tut er dir ein bisschen leid und du nickst ihm verständnisvoll zu und sagst, dass du sowieso nach Hause gehen musst. Und ganz bestimmt wirst du niemandem den genauen Ort des Zwergen- und Mäuse-Zuhauses verraten. Ehrenwort! Ihr alle strahlt einander noch einmal an, die beiden bedanken sich schon wieder und auch du bedankst dich - denn schließlich war es dir eine große Freude, ihnen helfen zu dürfen und so viel Vertrauen geschenkt zu bekommen.

Dann kriechst du wieder ganz vorsichtig durch die Zweige hindurch, drehst dich nochmal um und winkst dem Zwerg zu, der in der geflochtenen Kuppel unter dem Holunder seine Kinder und den Mäusenachwuchs bewacht. Die kleine Maus begleitet dich noch bis zum Waldrand und bis zu der

Stelle, an der ihr euch getroffen habt und von wo aus du die grünen Hügel wieder sehen kannst.
Du riechst noch einmal den Duft des Holunders und winkst der Maus und auch dem Holunder zum Abschied zu. Dieses Erlebnis wird nun auch immer bei dir, in deinem Herzen sein.

Und so flitzt du nun so schnell du kannst über die grünen Hügel zurück, vorbei an dem Bach und zurück zu der Wiese, auf der du gestartet bist.
Dann atme wieder tief durch, recke und strecke dich und öffne langsam deine Augen.
Willkommen zurück!

Gesegnet sei dein Leben!
Mögest du dich immer an die Holunder-Höhle und das Geheimnis von Mäusen und Zwergen erinnern!

Der leise, weise Uhu

In dieser Reise entdeckt das Kind den Zauber alter Bücher, erfährt den Unterschied zwischen **WISSEN UND WEISHEIT,** und dass es darauf ankommt, **DAS RICHTIGE ZU TUN,** statt nur darüber nachzudenken.

Was hältst du davon, wenn du heute mal einen echten Weisen des Waldes besuchst? Keinen Druiden, keinen alten Förster, auch keine Einsiedlerin oder eine Kräuterfrau ... Nein, heute kannst du einen Uhu treffen! Das ist die größte Eule, die es bei uns im Wald gibt. Wenn sie ihre Flügel ausbreitet, sind die von einer Federspitze bis zur anderen einen Meter und achtzig Zentimeter breit. Das ist ungefähr

so breit, wie dein Papa, dein Opa oder dein Onkel groß sind. Kannst du dir das vorstellen? Und das Verrückteste ist, dass sie mit diesen riesigen Flügeln völlig lautlos fliegen können ...
Aber genug erzählt. Lass uns einfach gemeinsam auf die Reise gehen und einem Uhu begegnen - das ist doch viel spannender!

Atme also ein paar Mal tief durch, schließ deine Augen und entspann deinen ganzen Körper. Von deinen Füßen angefangen über deine Beine, deinen Bauch, deine Brust und deinen Rücken, deine Schultern, Arme und Hände, deinen Nacken, deinen Kopf und dein Gesicht. Einfach auf den Atem achten und locker lassen ...
Und schon bist du bestens vorbereitet für unsere Reise!

Jetzt kannst du dich langsam in das Reich deiner Fantasie begeben und dich selbst sehen, wie du in einem wunderbaren grünen Wald umherwanderst. Die Luft ist toll und duftig, überall huschen kleine Tiere herum, hüpfen Vöglein von Ast zu Ast, und der leichte Wind, der in den Blättern rauscht, klingt ganz toll, fast wie eine Melodie.

Langsam näherst du dich dem Zentrum des Waldes, was du daran merkst, dass die Bäume hier immer dicker, älter und knorriger werden. Du wanderst umher, betrachtest all diese alten grünen Wesen, die seit Urzeiten hier stehen, und vernimmst plötzlich eine tiefe Stimme, die zu dir spricht:
„ __________ *(Name des Kindes)*, wie schön, dass du zu uns in den Wald gekommen bist und dich hier wohlfühlst.“

Du schaust dich um und kannst erst niemanden entdecken, aber dann siehst du nach oben, wo du ein rundes Gesicht mit großen Augen siehst, die aus einer Höhle im Baum auf dich herunterblicken.
„Ja, hier oben bin ich. Ganz recht." Jetzt wackelt das Tier hin und her und kommt etwas mehr aus seiner Höhle getappt. Eine wirklich riesige Eule, ein Uhu.
„Du erkennst mich, hm? Und ich erkenne dich auch. Ich habe schon viel von dir gehört. Viele Tiere des Waldes haben mir von dir erzählt ... Dass du mit ihnen gespielt hast, dass du ihnen geholfen hast, ihnen beigestanden hast ... Wie wunderbar, dass es so tolle Menschenkinder wie dich gibt!
Wenn du magst, komm doch mal nach oben geklettert, dann zeige ich dir ein paar Geheimnisse des Waldes!"
Du schaust den Baum an und siehst hier und dort abgebrochene Äste, die aus dem Stamm ragen, dazu ein paar Kerben, in die bestimmt dein Fuß hineinpasst, und ein paar Knubbel in der groben Baumrinde, die dir sicherlich Halt geben werden. Das müsste funktionieren. Und schon beginnst du, den Stamm hinaufzuklettern, tastest dich vor, prüfst immer wieder, ob der jeweilige Ast dich auch wirklich tragen wird, kletterst immer höher und erreichst dann die Höhle des Uhus. Puh, das war anstrengend, hat aber auch Spaß gemacht.
„Schön, dass du mich besuchst", sagt der Uhu und rückt ein bisschen zur Seite, sodass du in seine Höhle hineinkrabbeln kannst. Innen sieht sie viel größer aus, als du von außen vermutet hättest. Es ist warm und gemütlich. Ein alter, abgewetzter Sessel steht in der Ecke, dazu ein kleines Tischchen mit einer Teetasse und einem aufgeschlagenen

Buch. Und an der Wand entdeckst du ein Regal, in dem noch viel mehr Bücher stehen. Alte, wunderschöne Bücher mit rotbraunen Umschlägen und goldenen Buchstaben darauf.
„Magst du Bücher?“, fragt dich der Uhu.
Du nickst, denn Bücher sind toll. Lauter spannende Geschichten, Abenteuer, fremde Länder, Piraten, Pferde, Ritter, Elfen, Zwerge, Indianer und noch so vieles mehr.
„Ich mag auch Bücher“, sagt der Uhu. „Ich habe ganz viele gelesen und daher kommen immer wieder Tiere des Waldes zu mir, um mich um Rat zu fragen, denn aus Büchern kann man viel lernen. Schau mal, hier sind Bücher über Kräuter, die uns Tiere gesund machen, wenn wir einmal krank sein sollten. Hier sind Bücher darüber, was gerecht und was ungerecht ist, und womit ich dann die Tiere beraten kann, die sich mal streiten. Hier sind Bücher, die die Geschichte des Waldes erzählen, sodass wir wissen, woher wir kommen, und vielleicht Fehler, die wir früher gemacht haben, nicht nochmal machen.“
Du staunst über die vielen Bände, die der Uhu in seiner Bibliothek hat, und du kannst dir gut vorstellen, wie die Tiere ihn um Rat fragen und er sich die Zeit nimmt, ihnen das Richtige zu sagen.

„Aber weißt du, was das Wichtigste ist, wenn man anderen Ratschläge gibt?", fragt er dich nun. Du schaust ihn fragend an.
„Die Bücher enthalten ganz viel Wissen. Ganz viele schlaue Dinge, die andere gesammelt und aufgeschrieben haben. Und dieses Wissen ist ganz, ganz wichtig. Aber noch viel wichtiger ist Weisheit! Vielleicht weißt du auch, wo der Unterschied liegt ..." Er hebt eine fedrig-buschige Augenbraue und erzählt dann weiter: „Weisheit ist, das, was man weiß, auch zu tun! Vorhin hast du dir zum Beispiel ganz genau den Baum angesehen, hast geschaut, wo die Äste und Kerben sind, an denen du hochklettern könntest. Das war das Wissen des Kletterns. Und dann bist du tatsächlich hochgeklettert, hast dich entsprechend bewegt, hast hier und dort gegriffen, um hier hochzugelangen. Das war Weisheit des Kletterns. Es tatsächlich zu tun, verstehst du?!"
Du nickst freudig, denn das wird dir nun klar. Wer sein Wissen gut anwendet, ist weise. Wie der Uhu und wie du eben gerade beim Klettern.

„Ich zeige dir noch etwas", fährt der Uhu fort, zieht ein Buch aus dem Regal und blättert es auf. „Schau mal, hier auf dieser Seite stehen dein Name und all die tollen Dinge, die du schon für uns Tiere getan hast. Und hier steht etwas ganz Wichtiges, was ich dir vorlesen mag: _________ *(Name des Kindes)* ist mit vielen Tieren befreundet und genau wie sie ein Teil des großen Waldzaubers. In ihr/ihm ist die Kraft des Bären, der Mut des Wolfes, die Freiheit des Falken, die Schnelligkeit des Eichhörnchens, die Klugheit des Dachses und die Freude des Wildschweins. Wir alle gehören zusammen und sind eine Familie!"

Du staunst nicht schlecht. So tolle Sachen haben die Tiere über dich aufgeschrieben.
„Das zu wissen, ist eine Sache“, sagt der Uhu. „Aber es wirklich zu erfahren, ist noch etwas anderes. Etwas, das dir eine ganz besondere Waldweisheit schenkt. Pass auf ...“
Der Uhu schließt die großen runden Augen und legt einen Flügel auf die Buchseite. Und plötzlich beginnen die Buchstaben zu leuchten, sodass es ganz hell in der Uhuhöhle wird. Ein goldenes, ganz warmes Licht strahlt aus dem Buch direkt in dein Herz. Du siehst all die Tiere, von denen der Uhu gerade gesprochen hat, du siehst, wie du mit ihnen durch den Wald läufst, wie du mit ihnen fliegst, mit ihnen spielst, mit ihnen unter einem Baum sitzt und dich mit ihnen unterhältst. Du siehst die Freundschaft und die Nähe, und dir wird ganz warm ums Herz.

Je länger das Licht scheint, desto stärker und desto wohler fühlst du dich. Du spürst, dass du tatsächlich ein Teil des Waldzaubers bist. Und je länger du das spürst, desto besser verstehst du die Tiere und desto waldweiser wirst du.
Eine wunderbare, ganz stille Kraft in dir!

„Genau ...“, sagt der Uhu. „Eine stille, leise Kraft, die dich immer begleiten wird, sodass du dich vor nichts fürchten musst. Der Wald ist immer ein Zuhause für dich, und wir Tiere sind für immer deine Freunde!“
Er nimmt seinen Flügel von der Buchseite und öffnet seine Augen wieder. Das Leuchten lässt nach, verschwindet dann ganz. Aber dein wohliges Gefühl, deine Waldweisheit bleibt.

Du bist ganz sprachlos, und der Uhu lächelt dich an. „Man muss nicht immer viele Worte machen. Wenn man waldweise ist, kann man auch einfach schweigen und das Grün der Natur genießen.
Aber jetzt musst du sicherlich wieder nach Hause. Du kannst aber jederzeit wiederkommen und in meinen Büchern lesen. Oder du besuchst mich und wir schweigen gemeinsam ein bisschen, schauen uns den Wald von meiner Höhle aus an und freuen uns einfach darüber, dass wir Freunde sind."
Das klingt alles nach einer guten Idee. Du verabschiedest dich vom Uhu, sagst nochmal Danke für alles und kletterst dann wieder den Baum herunter.
Langsam schlenderst du zurück durch den Wald, atmest nochmal die gute Luft ... und kommst dann ganz allmählich zurück hierher und öffnest sanft deine Augen. Atme noch einmal tief durch und erinnere dich an den Zauber des Waldes, deine eigene Waldweisheit und die Kraft, die in dir steckt.

Fröhlich sei dein Tag, voller Weisheit sei dein Leben!

Bienentanz und Blumenglanz

In dieser Reise lernt das Kind ein paar Dinge über die Bienen und hilft ihnen in einer Notlage. Es erfährt, dass **HILFE MANCHMAL GANZ LEICHT** sein kann und ab und an nur in ein bisschen Wasser besteht, das aber dennoch ungeheuer wichtig ist.

Es gibt so viele Insekten auf der Welt – und sie alle sind ganz besonders wichtig für die Pflanzen, für andere Tiere und auch für uns Menschen. Und eines dieser richtig tollen Insekten ist die Biene, die nicht nur leckeren Honig macht, sondern ganz nebenbei auch noch viele Blumen bestäubt, sodass diese sich vermehren können. Meist haben wir aber nicht viel mit den Bienen zu tun, sehen sie nur manchmal vorbeifliegen oder scheuchen sie auch mal weg, wenn sie sich auf unser Marmeladenbrot setzen. Vielleicht magst du ja heute mehr von den Bienen erfahren, sie richtig kennenlernen … Lass uns doch einfach eine Reise zu ihnen machen!

Mach es dir wieder richtig gemütlich, schließ deine Augen und entspann dich … und dann atme dreimal tief durch, um dich auf eine spannende Reise vorzubereiten.

Lass dich nun mit deinen nächsten Atemzügen ganz in das Reich der Fantasie sinken. Lass Bilder vor deinem inneren Auge entstehen und beobachte dich selbst, wie du auf einer großen bunten Wiese an einem Waldrand stehst. Die Sonne scheint am blauen Himmel, es ist unglaublich warm, fast heiß, und nur ein ganz leichter, warmer Wind weht, der dir den Duft von unzähligen Blumen zuträgt: Schafgarbe, Wiesensalbei, Hahnenfuß (ja, so heißt tatsächlich eine Blumensorte!), Schaumkraut, Windröschen, Akelei, Goldrute und Glockenblume und noch viele, viele weitere Arten. Ein buntes, wunderschönes Blütenmeer, so weit das Auge reicht ...

Du siehst Schmetterlinge von einer Blume zur anderen flattern, während dicke Käfer vorbeibrummen und hier und dort ein kleiner Grashüpfer seine Hopser macht.

Vorsichtig gehst du durch die Wiese, bestaunst die bunte Pracht, die sich vor dir ausbreitet, und kommst dabei langsam dem Waldrand näher. Und dort zwischen zwei größeren Büschen und nahe einer großen Linde entdeckst du einen Bienenstand. Ein einfaches Holzhäuschen, fast wie ein Kaninchenstall ohne Türen, in dem drei Bienenkörbe stehen. Löwenzahn wächst am Fuße dieses Bienenhauses und in ein paar Metern Entfernung siehst du eine große flache Tonschale mit einigen Steinen darin. Ein paar Bienen schwirren umher, aber insgesamt ist es sehr ruhig.

Fast schon seltsam ruhig ... Du hattest immer gedacht, an solchen Bienenkörben sei mehr los ...
Da summt eine Biene heran und schwebt direkt vor deinem Gesicht - wie ein winzig kleiner Hubschrauber.
„Keine Angst", sagt sie sofort. „Ich weiß, ihr Menschen habt oft Angst vor uns und glaubt, dass wir euch stechen, aber das wollen wir bestimmt nicht! Versprochen! Es ist so gut, dass du bei uns vorbeischaust, ________ *(Name des Kindes)*! Unsere Königin würde gern mit dir sprechen ... Würdest du das machen?"
Du nickst. Natürlich würdest du das machen! Eine Einladung von einer Königin lehnt man schließlich nicht einfach ab.

„Oh, toll!", freut sich die Biene. Dann fliegt sie über deinen Kopf, dreht ein paar Kreise und lässt golden schimmernden feinen Staub auf dich herabrieseln. Sofort spürst du den Zauber der Natur, der in dir zu wirken beginnt. Du schrumpfst, wirst immer kleiner, bis die Grashalme plötzlich größer als du sind und die Blumen aussehen, als wären sie Bäume. Und irgendetwas ist da an deinem Rücken ... Du versuchst dich umzuschauen, blickst über deine Schulter und entdeckst zwei fast durchsichtige Flügel, die surrende Geräusche machen, wenn du sie bewegst. Hui, jetzt kannst du also fliegen ... Du schlägst stärker mit den Flügeln und schon hebst du ab. Das ist ganz einfach!

Die Biene hat auf dich gewartet und fliegt jetzt voraus zum mittleren der drei Bienenkörbe, schlüpft durch den Eingang und empfängt dich freundlich, als du auch dort landest. Dann führt sie dich durch Gänge und Waben, immer tiefer in den Korb hinein. Überall siehst du Bienen, die erschöpft herumkrabbeln oder einfach nur dasitzen und den Kopf hängen lassen. Und dann kommt ihr endlich bei der Königin an. Sie ist viel größer als die anderen Bienen ... aber sie scheint genauso erschöpft zu sein.

„Ach, ________ *(Name des Kindes)*! Gut, dass du uns besuchen kommst. Wir benötigen wirklich deine Hilfe! Seit Tagen hat es nicht geregnet und es ist so heiß! Die Schale, die der nette Imker immer für uns mit Wasser füllt, ist schon lange leer. Wir alle haben furchtbaren Durst, und bis zum nächsten Bach ist es so weit. Kannst du uns vielleicht helfen?"

Klar, das machst du gern. Aber du fragst auch, warum der Imker denn kein Wasser gebracht hat ...

„Das wissen wir auch nicht", sagt die Königin. „Vielleicht ist er selbst krank oder er musste verreisen ... Wir haben wirklich keine Ahnung! Er wohnt hinter dem Wald in einem kleinen gelben Häuschen. Aber in unserem Zustand schaffen wir es nicht bis dorthin ..."

Da hast du eine Idee! Du hast heute genug getrunken und fühlst dich stark und fit. Wie wäre es, wenn du beim Imker vorbeischaust?

„Mach das, ________ *(Name des Kindes)*! Aber beeil dich bitte!", seufzt die Königin.

Die andere Biene führt dich nun wieder aus dem Bienenkorb heraus ... und kaum bist du draußen auf der Wiese gelandet, macht es plopp! und du bist wieder genauso groß wie immer. Flügel hast du jetzt zwar auch nicht mehr, aber die brauchst du auch nicht. Schnell schnappst du dir die leere Tonschale mit den Steinen und läufst in den Wald hinein, wo du sofort einen Trampelpfad entdeckst. Bestimmt nutzt der Imker diesen Weg auch immer, also wird er wohl direkt zu seinem Haus auf der anderen Seite des Waldes führen. Wie ein wild gewordenes Kaninchen flitzt du durch den Wald, vorbei an vielen, vielen Bäumen. Du hüpfst über Wurzeln und Steine, nimmst jede Kurve mit vollem Tempo ... und stehst ein paar Minuten später etwas außer Atem vor einem kleinen gelben Haus.

Vorsichtig klopfst du an die Tür. Und noch einmal. Da hörst du von drinnen eine warme, freundliche Stimme: „Komm nur herein, die Tür ist offen!“

Du gehst durch den Flur ins Wohnzimmer und da siehst du den Imker auf seiner Couch sitzen. Ein freundlicher älterer Herr, dessen linkes Bein von oben bis unten in Gips eingewickelt ist und das er auf der Couch hochgelegt hat.

„Oh“, macht er, als er die Tonschale in deinen Händen sieht. „Oh, wie wunderbar, du bist meine Rettung. Oder vielmehr die Rettung der Bienen. Ich habe mir vor einigen Tagen das Bein gebrochen, ausgerechnet, als es so heiß wurde. Und dann konnte ich meinen Bienchen nichts mehr zu trinken bringen. Leider bin ich allein und habe keine Hilfe.“

Er schaut ein bisschen traurig. „Aber jetzt bist du ja hier ...“, sagt er dann hoffnungsvoll. „Kannst du den Bienen Wasser bringen?“

Du sagst, dass du gerne hilfst ... schließlich haben die Bienen dich ja auch gefragt. „Gefragt? Die Bienen?“,

sagt der Imker jetzt und zieht die buschigen Augenbrauen in die Höhe. „Du meinst, du hast wirklich mit ihnen gesprochen?“

Kurz berichtest du ihm von deinem Abenteuer im Bienenkorb und der Imker staunt.

„Ich habe schon gehört, dass es ein Kind geben soll, das mit den Tieren sprechen kann und ihnen hilft“, murmelt er dann. „Wie wunderbar, dass ich dich auch kennenlernen darf ... Ich bin auch ein Freund der Tiere, aber richtig mit ihnen sprechen kann ich nicht. Das können vielleicht nur Kinder ...“

Und dann zeigt er mit seinen dicken Fingern in die Küche. „Dort findest du Wasser. Aber lass auf jeden Fall die Steine in der Schale. Die brauchen die Bienen, um darauf zu landen und sicher zu trinken. Sonst würden sie vielleicht ins Wasser plumpsen und nicht wieder herauskommen können ...“

Du läufst in die Küche und füllst die Schale bis zum Rand mit Wasser. Die Steine schauen oben heraus. Dann verabschiedest du dich vom Imker und versprichst, bald wiederzukommen und ihm zu helfen.

Und nun geht es zurück. Nicht ganz so schnell diesmal, denn deine Schale ist ja jetzt voller Wasser und du willst nicht alles verschütten. Also gehst du langsam zurück durch den Wald, steigst diesmal vorsichtig über die Steine und Wurzeln ... und kommst nach einer Weile wieder bei den Bienenkörben an. Ganz sachte stellst du die Schale direkt neben dem Bienenhaus auf den Boden. Dort ist es etwas schattiger, sodass das Wasser dort nicht so schnell verdunstet. Sofort kommen einige Bienen angeflogen, setzen sich auf

die Steine, krabbeln zum Wasser und beginnen zu trinken. Dann fliegen sie zurück zum Korb und sagen den anderen Bescheid, sodass immer mehr Bienen kommen und ihren Durst stillen.

Dann kommt auch die Biene angeflogen, mit der du vorhin gesprochen hast und die dich zur Königin führte. Freudig summt sie um dich herum.

„Vielen Dank, ________(Name des Kindes)! Das hast du großartig gemacht. Jetzt haben wir wieder etwas zu trinken und können auch unserer Königin etwas bringen!"

Du erzählst ihr vom gebrochenen Bein des Imkers und dass er keine Hilfe hatte. Aber dass du in den nächsten Tagen immer wieder mal nach dem Wasser sehen und es auffüllen wirst.

„Das ist klasse!", sagt die Biene. „Ich danke dir im Namen unseres ganzen Bienenvolkes! Du bist jetzt offiziell eine Ehren-Biene!" Und dann sieht es fast so aus, als würde sie sich in der Luft vor dir verneigen.

Sie lächelt dich an und pustet ein paar kleine Körnchen von dem golden schimmernden Staub auf deine Stirn.

„Du wirst dich jetzt nicht in eine Biene verwandeln wie vorhin", erklärt sie dir. „Aber du wirst in deinen Träumen ab jetzt immer fliegen können, wenn du das möchtest. Das ist unser Geschenk an dich, ________(Name des Kindes)!"

Du verbeugst dich auch vor der Biene. Eine echte Freundin! Und so ein tolles Geschenk. Du freust dich schon, es bald mal in einem Traum auszuprobieren ...

Dann verabschiedet ihr euch voneinander, die kleine Biene fliegt zur Tonschale mit Wasser und dann zurück in ihren Korb - und du drehst dich um, gehst wieder über die Blumenwiese zurück ... und kommst dann ganz langsam

wieder hier an ... wo dir jemand diese Reise vorliest und dich sehr, sehr mag!
Du nimmst noch drei tiefe Atemzüge ... und öffnest dann langsam deine Augen. Willkommen zurück, Bienenfreund/-in!

Fröhlich sei dein Tag, fröhlich sei dein Leben, voller Wunder seien deine Träume!

Die großen Pfoten des Luchses

Die Reise ist hilfreich für Kinder, die vielleicht mal **GEHÄNSELT ODER GEÄRGERT** wurden. Ebenso aber auch für die Kinder, die sich an solchen Hänseleien beteiligt haben.

Heute triffst du eines der scheuesten Tiere, die es in unseren Wäldern gibt. Kaum ein Mensch bekommt sie je zu Gesicht, weil sie sich immer verstecken. Wahrscheinlich sind sie ein bisschen schüchtern, oder sie sind eigentlich ganz gern allein, wer weiß?! Hast du eine Idee, von welchem Tier die Rede ist?
Genau, der Luchs! Extrem selten und meist extrem gut versteckt ...
Aber du wirst heute einen von ihnen treffen und etwas ganz Besonderes mit ihm erleben ...

Finde also für dich einen guten Ort und eine bequeme Position, schließ ganz sanft deine Augen und mach dich mit ein paar tiefen Atemzügen bereit für eine neue Reise …

Mit deinen nächsten Atemzügen kannst du dich nun ganz in die Welt deiner Fantasie gleiten lassen und siehst dich selbst, dick angezogen und mit Stiefeln und Mütze angetan, in einem schneebedeckten Wald herumwandern. Die Äste der Bäume, die Büsche und Steine, die knorrigen Wurzeln und der Boden des Waldes - alles ist mit einer weißen Schicht bedeckt. Manchmal raschelt es leise, wenn ein Eichhörnchen von einem Baum zum anderen springt und einige Flocken von den Ästen herunterwehen. Ansonsten ist es sehr still, da der Schnee die meisten Töne dämpft. Das Lauteste, das du gerade hören kannst, sind deine eigenen Schritte, denn die knirschen im Schnee, und es macht richtig Spaß, diese Geräusche zu machen!

Knirsch, knursch, knirsch, knursch … Du wanderst langsam durch den Wald und genießt diesen schönen Tag.

Und da hörst du plötzlich doch etwas anderes: Von irgendwoher kommt ein seltsamer Singsang und ein irgendwie gar nicht freundlich klingendes Lachen. Was mag das sein?
Entschlossen, das herauszufinden, stapfst du näher. Von irgendwo da oben auf dem Hügel kommen die Geräusche. Doch je näher du dem Ursprung des Singens und Lachens kommst, desto tiefer wird der Schnee. Hier oben stehen nicht so viele Bäume, und deshalb hat sich der Schnee höher aufgetürmt. Er reicht dir nun bis über die Knie, und jeder Schritt ist ganz schön anstrengend.

Endlich siehst du, was hier los ist: Auf einem großen Felsen sitzen drei Füchse, schauen zu einem Luchs herunter, der

traurig im Schnee sitzt und die Pinselohren hängen lässt. Immer wieder singen die Füchse in ganz gemeinem Ton: „Riesenmauke, Waldrabauke ... Riesenmauke, Waldrabauke ...!“ Dann lachen sie wieder und fangen erneut an zu singen und den armen Luchs zu hänseln. Der sitzt ganz betreten da und guckt auf seine wirklich riesigen Pfoten.

Als du langsam und schnaufend vor Anstrengung näher kommst, machen die Füchse endlich mal Pause. Neugierig schauen sie dich an und überlegen wohl schon, wie sie dich ärgern können ...

Aber bevor sie auch nur einen Ton sagen können, schallt plötzlich krächzend eine ganz andere Stimme vom Himmel herab: „ ________ *(Name des Kindes)* würde ich an eurer Stelle nicht ärgern. Er/sie hat viele Freunde hier im Wald, die das gar nicht witzig finden würden!“

Die Füchse, der Luchs und auch du schaut hoch in den blauen Himmel und entdeckt eine Krähe, die in weiten Kreisen auf euch zuschwebt und letztlich auf dem Stein neben den Füchsen landet.

„Wenn ihr Füchse nichts Besseres zu tun habt, als andere zu ärgern, dann schlage ich vor, wir suchen euch mal etwas Beschäftigung“, sagt die Krähe nun. „Ich gehe jede Wette ein, dass ihr ein Rennen gegen ________ *(Name des Kindes)* und den Luchs verliert ...“

„Pah!“, antworten die Füchse. „Wir gewinnen jedes Rennen, denn wir sind die schnellsten Füchse überhaupt!“

„Gut, dann werde ich Schiedsrichter sein“, meint die Krähe. „Auf mein Kommando lauft ihr alle bis zu der großen Tanne dort hinten und zurück. Und welche Mannschaft als Erste hier ankommt, bekommt einen Preis von mir! Einverstanden?“

Die Füchse sind sofort bei der Sache und malen sich schon den wertvollen Preis aus, den sie sicher gewinnen werden. Der Luchs schaut dich unsicher an, aber du nickst ihm aufmunternd zu. Wer so gehänselt wird, der braucht einen Freund, der zu ihm hält. Und das willst du auf jeden Fall tun, auch wenn du dir Sorgen machst, ob du in diesem Schnee schnell genug wirst rennen können ... Aber besser zusammen mit einem Freund ein Wettrennen verlieren, als alleine gehänselt werden!

„Also gut“, sagt die Krähe. „Dann geht es gleich los. Die flinken Füchse gegen ... hm ... wir brauchen noch einen Mannschaftsnamen für euch beide.“ Nachdenklich schaut die Krähe den Luchs und dich an. Dann kommt ihm offenbar die zündende Idee. „Ich hab's! Die flinken Füchse gegen die Riesenmauken!“ Und ohne dass die Füchse es sehen können, zwinkert die Krähe euch zu. „Damit die beiden ihrem Mannschaftsnamen gerecht werden, muss _________ *(Name des Kindes)* noch größere Füße bekommen!“

Die Füchse lachen wieder gemein, da sie glauben, dass die Krähe jetzt auf ihrer Seite steht und sich auch über den Luchs lustig macht. Aber das Zwinkern hat euch verraten, dass das ganz und gar nicht so ist. Jetzt fliegt die Krähe los und holt zwei große Rindenstücke, die am Fuße der Tanne liegen, zu der ihr rennen sollt. „So“, sagt sie, die machen wir jetzt an deine Stiefel, damit ihr beide Riesenmauken habt.“ Und wieder zwinkert sie dir und dem Luchs zu. Mit deinen Schnürsenkeln bindet die Krähe die Rindenstücke unter deine Stiefel, und jetzt sehen der Luchs und du euch tatsächlich ziemlich ähnlich. Beide habt ihr übergroße Füße.

„Vertraut mir", flüstert euch die Krähe zu.
Die Füchse lachen bereits wieder, freuen sich auf ihren Sieg und nehmen Aufstellung, um gleich loszulaufen.
Auch der Luchs und du stellt euch auf, während die Krähe auf den Stein fliegt und laut ruft: „Achtung ... fertig ... LOS!"
Sofort starten die Füchse mit einem großen Satz, sinken dann aber sofort mit ihren zierlichen Pfoten bis zum Hals in den weichen Schnee ein. Der Luchs dagegen spreizt seine großen Pfoten und läuft sicher über den Schnee. Und auch du kannst auf den großen Rindenstücken gut laufen und sinkst nicht ein. Du schiebst einen Fuß vor den anderen, als hättest du Schneeschuhe oder breite Skier an, und kommst gut voran. Der Luchs trabt neben dir über die Schneefläche, während die Füchse sich mühsam vorankämpfen, immer wieder einsinken und prustend und fluchend kaum von der Stelle kommen.

Jetzt ist deine Riesenmauken-Mannschaft bei der Tanne angekommen, klatscht ab und macht sich auf den Rückweg. Ganz locker bewegt ihr euch mit euren großen Füßen über den Schnee, kommt an den fluchenden Füchsen vorbei, die noch nicht einmal den halben Weg zur Tanne geschafft haben, und erreicht als Erste den Stein. Die Krähe hüpft vor Freude auf und ab, gratuliert euch und ruft ganz laut: „Gewinner sind die Riesenmauken! Gewinner sind die Riesenmauken!"
Die Füchse sitzen bis zum Hals im Schnee und schauen frustriert zu euch herüber. Dann wenden sie sich dem unterhalb des Hügels liegenden Wald zu und schleichen sich mühsam davon.

Die Krähe lacht krächzend: „Das wird den dreien eine Lehre sein!“ Dann beruhigt sie sich und schaut euch ernst an. „Und ich hoffe, euch beiden wird es auch eine Lehre sein ... Wenn euch demnächst jemand ärgert und sich über irgendeine Besonderheit von euch lustig macht, dann erinnert ihr euch hoffentlich an dieses Wettrennen und wisst, dass jede Besonderheit immer auch Vorteile bietet. Man muss nur wissen, welche das sind. Und dann kann man solchen Ärgerheinis ganz anders begegnen!“
Ja, da hat die Krähe wohl recht. Die riesigen Pfoten des Luchses sind wirklich auffällig, aber sie sind auch die allerbesten Pfoten, um im Schnee gut voranzukommen. Das hat die Natur ziemlich schlau eingerichtet!
Der Luchs und du lächelt euch an. Ihr seid wirklich ein ganz tolles Riesenmauken-Team!

„Und hier kommt auch noch euer Gewinn!“, sagt die Krähe, steckt ihren Schnabel unter ihren Flügel und holt zwei goldene Federn hervor. Du nimmst beide für euch entgegen, steckst eine dem Luchs in sein Fell hinter sein Pinselohr und hältst deine eigene in der Hand. Wunderschön sieht die aus!
Und dann beginnt sie noch goldener zu leuchten und zu schweben, wird immer heller und schmilzt in deine Brust hinein - mitten in dein Herz! Ebenso ergeht es dem Luchs. „Jetzt seid ihr beide auf immer verbunden“, sagt die Krähe feierlich. „Durch die goldene Feder der Freundschaft und durch eure gemeinsame Erinnerung an dieses Wettrennen!“
Und er schlägt mit den Flügeln, erhebt sich in die Luft, krächzt euch noch ein „Lebt wohl!“ zu und verschwindet langsam in der Ferne.

„Danke!", sagt jetzt der Luchs zu dir. „Ich bin wirklich froh, dass du in meinem Team warst. Und auch immer sein wirst!" Ganz vorsichtig schmust er sich mit seinem großen Kopf an dein Bein. Fast wie eine Hauskatze … nur viermal so groß!

Du freust dich sehr, einen so tollen Freund zu haben, kraulst ihn ein bisschen hinter seinen Ohren und gehst dann gemeinsam mit ihm zum Wald zurück. Er begleitet dich ein ganzes Stück, bis du wieder am Ausgangspunkt deiner Reise angekommen bist. Dann verabschiedet ihr euch, und du versprichst ihm, ihn bald mal wieder zu besuchen und mit ihm gemeinsam durch den Wald zu streifen. Das wird bestimmt lustig!

Dann läuft er los und verschwindet zwischen den Bäumen. Und du kommst ganz langsam zurück an den Ort, wo dir diese Geschichte vorgelesen wird, zurück ins Hier und Jetzt, reckst und streckst dich ein bisschen, öffnest langsam deine Augen … und bist wieder hier!

Herzlich willkommen zurück!

Fröhlich sei dein Tag, von echten Freundschaften erfüllt sei dein Leben!

Der Eichelhäher, der wie eine Nachtigall singen wollte

Diese Reise bringt Kindern auf spielerische Weise bei, dass es völlig ausreichend ist, **EINFACH MAN SELBST ZU SEIN.**

Wünschst du dir auch manchmal, jemand anderer zu sein? Vielleicht ein Held oder eine Heldin aus dem Fernsehen, aus einem Buch oder aus einem Comic? Oder vielleicht wünschst du dir ja auch erwachsen zu sein ... einfach größer oder stärker? Vielleicht haben auch Tiere manchmal solche Wünsche, weil sie nicht so recht zufrieden sind. Lass uns doch mal schauen!

Da wir dafür auf Reise gehen werden, ist es gut, wenn du dich wieder vorbereitest. Weißt du schon, wie das geht? Genau ... mit ein paar tiefen Atemzügen. Schließ also einfach deine Augen, mach es dir gemütlich und atme drei Mal tief ein und aus.
Spürst du, wie du ruhiger wirst und sich dein Körper entspannt? Das ist eine gute Sache!
Und nun lass langsam ein paar schöne Bilder deiner Fantasie vor dir entstehen. Sieh dich selbst, wie du auf einer wunderbaren grünen Wiese stehst. Die Sonne scheint, hier und dort wachsen bunte Blumen, die Luft ist warm ... ein richtig toller Tag. Auf der einen Seite der Wiese kannst du

ein Weizenfeld entdecken, wo die gelben Ähren sich sachte im Wind bewegen; auf der anderen Seite ist ein kleines Wäldchen mit ganz vielen verschiedenen Bäumen. Und in einem dieser Bäume sitzt ein kleiner hellbrauner Vogel mit rotbraunem Schwanz und grauem Bauch. Eine Nachtigall. Eigentlich ziemlich unscheinbar, wenn der Gesang nicht wäre. Der ist wirklich fantastisch! Es zwitschert, flötet und trillert ... eine Melodie wunderbarer als die andere. Immer neue Töne mischen sich dazu, immer neue Strophen eines wunderschönen Liedes entstehen.
Du bist ganz fasziniert und gehst ein Stück näher.
Oh, da ist noch jemand, der ganz gebannt zuhört: Ein paar Äste weiter sitzt ein Eichelhäher. Du erkennst ihn sofort an seinen blau-schwarz gestreiften Flügelfedern, die sich so sehr von seinem restlichen braunen Gefieder abheben. Diese Flügelfedern hast du schon immer toll gefunden, wie eigentlich den ganzen Eichelhäher. Ganz verträumt sitzt er dort und hört der Nachtigall zu, die immer noch Strophe an Strophe ihres Liedes singt.
Dann macht sie eine Pause und der Eichelhäher seufzt laut hörbar. „Ach, ich wünschte, ich könnte so singen wie du", sagt er zur Nachtigall. „Ich probiere es nochmal ..." Und schon setzt er an zu einem Lied, das sich wohl genauso anhören soll wie das Lied der Nachtigall. Der Eichelhäher gibt wirklich alles, strengt sich richtig an und versucht, die Töne zu treffen, die die Nachtigall eben noch von sich gegeben hat. Man kann erahnen, dass es das Lied der Nachtigall werden soll ... aber ehrlich gesagt, klingt es schon sehr

anders. Seine Stimme ist viel rauer und krächzender, und auch die Melodien scheinen ihm nicht so zu liegen. Es klingt alles etwas krumm und schief.
Nach ein paar Momenten bricht er erschöpft ab und ärgert sich. „Verdammt“, schimpft er, „das klappt einfach nicht. Es klingt immer ganz anders! Und ich werde nie ein Eichelhäher-Mädchen beeindrucken. Und nie wird mich eins liebhaben ...“
Die Nachtigall räuspert sich und hüpft ein bisschen näher an den Eichelhäher heran. „Aber das stimmt doch nicht“, versucht sie zu trösten. „Du hast einfach eine andere Stimme, weil du auch ein anderer Vogel bist.“ Der Eichelhäher aber ärgert sich noch immer und schimpft mit sich selbst.
Jetzt entdeckt die Nachtigall dich und freut sich sofort. Wahrscheinlich weiß sie auch, dass du Tiere sehr gern hast und ihnen immer hilfst, wenn du kannst. „Schau mal, lieber Eichelhäher, ________*(Name des Kindes)* ist hier und besucht uns. Das kann doch kein Zufall sein! Bestimmt kann er/sie mir helfen, dir zu erklären, was ich meine.“
Jetzt hört der Eichelhäher zu, denn von dir hat er natürlich auch schon gehört.
„Bitte ________*(Name des Kindes)*, versuch du doch auch mal mein Lied zu singen!“, sagt die Nachtigall nun und zwinkert dir zu.
Oje, das wird sicher ganz schön schwierig. Aber wenn es dem traurigen Eichelhäher hilft, warum nicht?! Du beginnst zu pfeifen, zu trillern, machst ganz schön seltsame Geräusche und versuchst, die Nachtigall so gut wie möglich nachzumachen. Aber natürlich klingt das nicht genauso wie sie. Auch nicht so wie der Eichelhäher bei seinem Versuch, aber eben doch anders. Nach einer Weile hörst du

auf, und die Nachtigall meint zum Eichelhäher: „Siehst du, auch ________ *(Name des Kindes)* kann nicht so singen wie ich. Aber jetzt pass mal auf …“

Und sie wendet sich wieder dir zu: „Könntest du einfach mal ein Menschenlied singen? Eines, das du gut kennst und magst?“

Hm, klar, da fällt dir etwas ein und du singst einfach los. Die Worte des Liedes fallen dir ein, die Melodie ebenso. Aber zusätzlich änderst du es noch ein bisschen, weil es dir dann noch besser gefällt. Deine Stimme ist gut zu hören, und Nachtigall und Eichelhäher lauschen andächtig. Dann bist du fertig mit deinem Lied und die Nachtigall ruft „Bravo!“, während der Eichelhäher ganz begeistert auf und ab hüpft und „Applaus! Applaus! Applaus!“ schreit.

„Hast du den Unterschied bemerkt?“, fragt die Nachtigall nun den Eichelhäher. „Mein Lied konnte ________ *(Name des Kindes)* nicht genauso singen wie ich. Aber sein/ihr eigenes Lied war ganz wunderbar! So könnte ich es nicht singen. Jeder hat seine eigene Stimme und seine eigenen Melodien. Und die sind immer genau richtig und immer schön!“

Das kannst du verstehen, und du glaubst, dass die Nachtigall recht hat. Wenn man das eigene macht, ist es immer besser, als wenn man versucht, so zu tun, als wäre man jemand anderer. Schließlich versucht die Nachtigall ja auch nicht, ihre Flügelfedern blau-schwarz anzumalen, um auszusehen wie der Eichelhäher. Denn das würde sicher auch nicht funktionieren …

Auch der Eichelhäher nickt. Erst vorsichtig, dann immer kräftiger. „Ja, wahrscheinlich hast du recht“, sagt er nun. „Vielleicht sollte ich es mal mit meinem eigenen Lied versuchen …“

Und er fängt an, in einem ganz besonderen Rhythmus zu krächzen. Das ist ein ganz anderes Lied als das der Nachtigall, viel rauer. Wenn die Nachtigall so klingt wie eine Querflöte, dann klingt der Eichelhäher eher so wie eine E-Gitarre. Ein echter Rocker! Irgendwie stark!

Er macht immer weiter und findet immer mehr seine eigene Melodie, sein eigenes Lied. Und das klingt jetzt richtig klasse!

Und da hüpft plötzlich ein Eichelhäher-Mädchen neben ihn auf den Ast und hört ihm mit schief gelegtem Kopf und glänzenden, schwarzen Augen zu. Er ist aber noch voll in seinem Lied und bemerkt sie gar nicht. Dann hüpft er herum und stößt mit seinem Schnabel gegen ihren. Erschrocken hört er auf zu krächzen. Das Eichelhäher-Mädchen blinzelt kurz und lacht dann freundlich. „Wie schön, wenn jemand so in seine Musik versunken ist“, sagt sie. „Hat mir wirklich gut gefallen. Würdest du noch ein Lied für mich singen? Vielleicht dort hinten auf der großen Eiche?“

Eifrig nickt der Eichelhäher und sagt dann aber: „Ich muss mich aber erst noch von meinen Freunden verabschieden!“

Er flattert auf deine Schulter und knabbert ein bisschen an deinem Ohrläppchen. Das kitzelt und du kicherst. „Vielen Dank!“, flüstert er. „Ich glaube, wenn man ganz man selbst ist, wird man von den richtigen Leuten gemocht. Nur so funktioniert das wohl!“ Dann flattert er zur Nachtigall und bedankt sich auch bei ihr. Und dann ist er ruckzuck mit dem

Eichelhäher-Mädchen verschwunden. Aus der Ferne hört man sie beide krächzen. Offenbar teilen sie denselben Musikgeschmack und singen nun gemeinsam Rocksongs.
„Ich danke dir auch“, sagt die Nachtigall nun zu dir. „Das hast du toll gemacht. Mit deiner Hilfe hat der Eichelhäher sofort verstanden, warum sein eigenes Lied immer schöner sein wird als das, was er nur versucht nachzumachen, obwohl es gar nicht zu ihm passt.“
Du sagst der Nachtigall, dass du das gern gemacht hast und dass du ja auch etwas dabei gelernt hast. Dann verabschiedet ihr euch, die Nachtigall fliegt ebenfalls davon und du schaust dich noch ein bisschen auf der schönen Wiese um und genießt die Sonne auf deinem Gesicht.
Dann kommst du langsam wieder zurück hierher, wo du dieser Geschichte lauschst, reckst und streckst dich ein wenig und öffnest ganz sachte deine Augen. Willkommen zurück im Hier und Jetzt!

Fröhlich sei dein Tag, fröhlich und voller eigener Lieder sei dein Leben!

Buche, Buch und Buchstabe

Auf dieser Reise begegnet das Kind einem Tier, was allgemein eher abgelehnt wird, und erfährt ein wenig über die **WICHTIGKEIT VON BÄUMEN** sowie über das **GESCHICHTENERZÄHLEN.**

Heute machen wir wieder gemeinsam einen Ausflug in die Natur, um uns dort umzusehen, neue Freunde kennenzulernen und uns richtig wohlzufühlen. Wenn du magst, dann mach es dir doch jetzt bequem, setze oder lege dich ganz entspannt irgendwohin, decke dich vielleicht zu, atme ein paar Mal tief durch und schließe dann deine Augen.
Mach es dir richtig gemütlich, und wenn du so weit bist, lausche den Worten, die dich in eine andere Welt begleiten ...

Ganz langsam entsteht vor deinem inneren Auge eine wunderschöne Landschaft mit sanft geschwungenen grünen Hügeln, kleinen Bächen und vielen, vielen Bäumen. Manche von ihnen stehen alleine am Ufer eines Baches, andere stehen in größeren Gruppen zusammen - aber alle sind sie ein tolles grünes Zuhause für ganz viele verschiedene Tiere.
Du siehst Amseln und Blaumeisen, die in den Bäumen sitzen und vor sich hin zwitschern, kannst ein paar Eichhörnchen entdecken und bemerkst auch ein paar Rehe, die im Schatten einiger Bäume stehen und sich offensichtlich ausruhen.

Ein Baum sieht besonders schön aus. Er steht am Rand einer größeren Gruppe von Buchen und ragt weit in die Höhe. Sein grünes Blätterdach streckt sich in den Himmel, als wolle er ihn berühren. Irgendetwas an dem Baum zieht dich fast magisch an, und du gehst immer weiter auf ihn zu.

Du musst aufpassen, dass du nicht auf die vielen Pilze trittst, die in seinem Schatten wachsen und die Nahrung für Mäuse, Dachse, Igel und manche Käferarten sind.

Jetzt kannst du auch die Pilze entdecken, die an der Rinde des Baumes wachsen und aussehen wie kleine Terrassen für winzig kleine Wesen. Das sind Zunderschwämme, die früher tatsächlich dafür verwendet wurden, Feuer zu machen. Schon die Steinzeitmenschen haben diese Pilze gesammelt und getrocknet, um damit ihr Lagerfeuer anzuzünden.

Es ist wirklich ein ganz schöner und sehr alter, großer Baum, dem du da bei deiner Wanderung begegnet bist. So alt und groß, dass ihn sogar ein paar Fledermäuse als ihr Zuhause gewählt haben, wie du jetzt feststellst, als dein Blick nach oben in den Wipfel des Baumes schweift. Dort hängen sie kopfüber: drei schwarze Gestalten, die tief und fest schlafen.

Du schaust noch weiter den Fledermäusen zu und versuchst zu horchen, ob sie wohl ganz leise schnarchen, als plötzlich etwas vor deinen Augen baumelt. Eine kleine Spinne, die sich aus einem Ast über dir abgeseilt hat und nun direkt vor deiner Nasenspitze an ihrem Faden hin und her schwingt. Erst erschreckst du dich ein bisschen, aber dann siehst du, wie klein und niedlich sie ist. Ein kleiner, dicker Körper mit acht Beinchen und einem lustigen Gesicht. „Hallo ...", ruft sie mit einer leisen Piepsstimme, die dich sofort lächeln lässt. „Ich wollte dich nicht erschrecken ... Ich dachte, du hättest mich schon gesehen, als ich mich abgeseilt habe. Aber vielleicht bin ich einfach zu klein, was?!" Zuckt die kleine Spinne jetzt wirklich mit den Schultern? Es sieht fast so aus. „Na ja, macht nichts", meint sie, „hauptsache, ich treffe dich mal, __________*(Name des Kindes)*! Mir haben schon so viele andere Tiere von dir erzählt, und da war ich sicher, dass du dich auch mit mir anfreunden magst. Und wenn du möchtest, kann ich dir auch etwas über mein Zuhause erzählen, denn ich wohne schon mein ganzes Leben hier auf dieser Buche. Schau mal dort ... Da ist mein Netz!"

Du blickst in die Richtung, in die die Spinne mit einem ihrer Beinchen zeigt, und siehst ein wirklich wunderschönes Netz, ein echtes Kunstwerk.

„Habe ich ganz allein gemacht!“, sagt die Spinne stolz. „Ab und an geht es aber kaputt. Entweder vom Wind oder von einem größeren Tier, das es aus Versehen zerreißt. Dann mache ich ein neues Netz - jedes Mal noch schöner als zuvor.“

Bewundernd nickst du, denn das Netz sieht wirklich toll aus. Ein echtes Wunder, dass so ein kleines Tierchen so etwas weben kann. Und dann siehst du einen Kleiber, der den Baum herunterklettert. Der einzige Vogel, der kopfüber klettern kann. Ob der wohl manchmal aus Versehen das Spinnennetz zerstört?

„Aber ...“, sagt die Spinne nun, „ich lenke dich ja vom Wichtigsten ab. Du hast schon nach oben geschaut und die Fledermäuse und mein Netz entdeckt, aber hast du auch schon direkt vor deine Füße gesehen?“

Verwundert schaust du auf den Boden ... und da liegt ein altes Buch aufgeschlagen vor dir, dessen Seiten sich im leichten Wind bewegen und umgeblättert werden. Das ist aber komisch ... Lag das eben auch schon dort? Hast du das einfach übersehen?

Die Spinne lacht ein kleines, piepsiges Lachen. „Keine Sorge ... Du hast das Buch nicht übersehen. Die Buche zeigt es bloß nicht gleich jedem. Buchen sind nämlich ganz besondere Bäume. Zauberbäume, Geschichtenbäume.“

Die Spinne nickt und genießt es offenbar, dir etwas zu erzählen und sich mit dir zu unterhalten.

„Die ersten Buchstaben, die es hier in dieser

Gegend bei den Menschen gab, wurden damals in Buchenäste oder Buchenstäbe geritzt. Deshalb heißen die Buchstaben auch Buchstaben, verstehst du? Von Buchenstab. Und deshalb sind Buchen auch die besten Geschichtenerzähler. Vor allem die ganz alten Buchen wie diese hier, die bestimmt schon 300 Jahre hier steht. Wenn du aufmerksam zuhörst, kannst du sie sprechen hören. Sie erzählen von all dem, was sie selbst gesehen haben, aber auch von dem, was ihnen berichtet wurde. Sie haben einen riesigen Schatz von Geschichten in sich. Weil ich so klein bin, kann ich der Buche ganz nah sein, wenn ich auf ihr herumkrabbele. Dann kann ich ihr gut lauschen. Aber leg doch mal dein Ohr an die Buche, dann kannst du vielleicht auch hören, was sie sagt ..."

Ganz vorsichtig gehst du näher an die Buche heran und legst dein Ohr an die glatte graue Rinde. Zuerst vernimmst du nur ein leises Rauschen, dann ein Gemurmel ... und dann siehst du unendlich viele Geschichten vor dir: Ritter und Kaufleute, Helden und Drachen, sprechende Tiere und andere Fabelwesen ... Ein frischer Wind kommt auf, bewegt die Seiten des Buches schneller und eine Unzahl bunter Bilder zeigt sich ... alles wirbelt bunt durcheinander ... Du siehst galoppierende Pferde, Zwerge mit roten Mützen, weiße Hirsche, große Burgen, Könige und Königinnen, Zauberer und Raben ...

Und dann flaut der Wind wieder ab, das Buch klappt zu, das Murmeln aus dem Baum wird leiser und verstummt dann.

„Siehst du?!", sagt die Spinne. „Alles hängt zusammen: die Buche, die Buchstaben, die Geschichten, die Bücher ... die Menschen, die die Geschichten aufschreiben ... und du. Schau nochmal in das Buch ... du wirst staunen."

Du kniest dich auf den Boden und öffnest das Buch. Sofort entdeckst du eine Zeichnung von einem Kind, das genauso aussieht wie du und das vor einer Buche auf dem Boden kniet und in ein Buch schaut ... Das ist ja wirklich verrückt!

Wieder lacht die kleine Spinne. „Du bist jetzt Teil der Geschichte dieser Buche und ihres Buches. Sie wird dich nie vergessen. Und mich genauso wenig. Schau mal dort oben auf der Seite ... Da ist ein Bild von mir."

Und tatsächlich. In der Ecke einer Buchseite kannst du ein Spinnennetz erkennen, aus dem sich eine kleine grinsende Spinne abseilt ...

Lächelnd klappst du das Buch wieder zu - und es beginnt zu leuchten, bevor es dann durchsichtig wird und sich in einem Nebel auflöst, der vom Wind fortgeweht wird.

Du stehst wieder auf und bedankst dich bei der Spinne. Wie nett von ihr, dir all das zu erklären. Jetzt, wo du sie kennengelernt hast, kannst du gar nicht mehr verstehen, warum manche Menschen Angst vor Spinnen haben. Eigentlich sind sie doch ganz niedlich. Vor allem sind sie aber große Künstlerinnen und offenbar auch gute Gesprächspartner.

Die Spinne nickt dir zu und beginnt dann wieder ihren Faden hinaufzuklettern. Auf halbem Weg zu ihrem Netz

dreht sie sich nochmal um. „Vielleicht musst du irgendwann mal einen Aufsatz für die Schule schreiben und dir fällt nichts ein. Dann kannst du dich irgendwo unter eine Buche setzen und dir von ihr ein paar Geschichten erzählen lassen.“
Das ist eine gute Idee. Du winkst der kleinen Spinne – und dann ist sie schon so hoch oben im Baum, dass du sie nicht mehr erkennen kannst.
Die Fledermäuse schlafen noch immer, der Kleiber klettert auf der Suche nach Würmern und Käfern auf und ab, und die Buche steht ruhig und gelassen da – wie seit Jahrhunderten schon.
Du berührst dankbar ihre Rinde, noch ganz erstaunt von den vielen Geschichten, die sie kennt, und machst dich auf den Rückweg.
Du läufst an einem Bach entlang, betrachtest nochmal die Bäume, die hier überall stehen, und fragst dich, welche Geschichten sie wohl zu erzählen haben ...
Und dann kommst du mit den nächsten Atemzügen wieder zurück hierher, wo dir Worte aus einem Buch vorgelesen werden, das mit Buchstaben geschrieben wurde, mit denen schon vor ganz langer Zeit Geschichten weitergegeben wurden.
Atme noch einmal tief durch und öffne dann langsam deine Augen.
Willkommen zurück!

Gesegnet sei deine ganz eigene Geschichte, gesegnet sei dein Leben!

Frei wie ein Falke

In dieser Reise bekommen Kinder von einem neuen Freund ein wahrhaft **ZAUBERHAFTES GESCHENK,** durch das sie sich völlig **FREI FÜHLEN** und die Welt entdecken können.

Atme einmal ganz tief ein und komplett wieder aus. Das fühlt sich immer gut an und du kannst es dir dann ganz gemütlich machen. Setze oder lege dich bequem hin und atme noch ein paar Mal ganz tief und langsam durch. Schließe sanft deine Augen und spüre deinen ganzen Körper: die Füße, Beine, Knie, ja, auch den Popo - liegst oder sitzt du wirklich bequem? Und auch Bauch, Rücken, Brust, Schultern, Hals, Nacken und Kopf, bis zu den Haaren ... Ist es richtig gemütlich? Dann kannst du nun entspannt auf eine spannende Reise gehen...

Langsam betrittst du das Reich deiner Fantasie. Du siehst, wie du aus eurem Haus gehst und sich ganz in der Nähe eine Landschaft auftut, die du bisher noch gar nicht kanntest ... wo kommt die bloß her? Überall ist es üppig grün, dicht bewaldet und voller großer Farne, die sich sanft im Wind bewegen. Zwischen all diesen Farnen schlängelt sich ein Weg hindurch, der ganz einladend aussieht - mit langsamen Schritten folgst du diesem Weg und gelangst nach einiger Zeit zu einem noch jungen und deshalb recht niedrigen Baum, auf dessen Krone ein Vogel sitzt. Zuerst sitzt er dort ganz unbeweglich ... und auch du merkst, dass du kurz die Luft angehalten hast, weil du ihn nicht verscheuchen wolltest. Da legt er plötzlich den Kopf schief und sieht dich intensiv an. Du traust dich nun und gehst fast wie in Zeitlupe auf den Vogel zu. Scheinbar stört es ihn nicht und je näher du kommst, desto mehr Einzelheiten erkennst du an ihm ... Ein rotbraunes Gefieder mit einem hellen Blau-Grau am Hals und Kopf, gelbe Füße und einen ebenso gelben Kreis um die Augen - ganz spannend und schön sieht er aus.

Du nickst ihm vorsichtig und lächelnd zu und da fliegt er ebenso vorsichtig zu dir. Instinktiv streckst du deinen Arm nach vorn und er landet ganz sanft darauf. „Oh, ich habe

scharfe Krallen und hoffe, ich habe dir nicht weh getan, liebe/r ________ *(Name des Kindes)*?“, sagt er besorgt. Du schüttelst den Kopf und bist noch ganz erstaunt, dass dieser Wildvogel dir nun so nah ist und du ihn dir genau ansehen kannst. Kannst du erkennen, welcher Vogel das ist?

Während du ihn so genau ansiehst, nimmt er auch dich unter die Lupe. Immer wieder legt er den Kopf in die eine und dann in die andere Richtung. Und auch er scheint aufgeregt zu sein und beginnt auf deinem Arm hin und her zu trippeln - was jetzt vielleicht auch ein wenig piekst oder kitzelt ...

„Du bist ein ganz besonderes Kind!“, sagt er zu dir. „Das weiß du hoffentlich! Ich habe schon eine Weile hier gesessen und bin so froh, dass du nun hier bist! Denn ich darf dir ein Geheimnis verraten! Die alten Falken haben gesagt, dass einmal ein Menschenkind kommen wird, das so freundlich ist, dass wir es ihm zeigen können ... und ich bin ganz sicher, dass du das bist!“

Er scheint also ein Falke zu sein, und du bist nun ganz gespannt, um was für ein Geheimnis es wohl geht.

„Wenn ich langsam vorausfliege in den Wald ... magst du dann mitkommen?", fragt er dich – und natürlich magst du mitkommen, denn er hat deine Neugier geweckt. Und so fliegt er den Weg ein Stück weiter bis zum Waldrand und schlägt dort oben in der Luft ganz schnell mit seinen Flügeln, um quasi auf der Stelle stehenzubleiben und auf dich zu warten. Du kommst hinterher und er fliegt wieder ein Stück voraus, nun tiefer in den Wald hinein. Wieder wartet er dort in der Luft stehend auf dich und setzt den Flug fort, als du nähergekommen bist. Es wiederholt sich so einige Male und du schaust immer wieder fasziniert in den Himmel und staunst, wie der Falke so auf der Stelle fliegen kann. Und dann, ganz plötzlich, sinkt er herab und landet auf einem riesigen Baum mit einem ganz dicken Stamm, der sich in drei große Äste gabelt. Viele, viele weitere Zweige gehen von diesen drei Hauptästen ab und ein ganz großes Blätterdach beschirmt euch. Auch die einzelnen Blätter sehen spannend aus, denn sie bestehen aus neun oder elf kleineren Blättchen, die von einem mittleren Stiel abgehen, immer zwei gegenüber und eins allein an der Spitze.

„Das ist eine Esche, kennst du sie?", fragt der Falke dich. Du erinnerst dich, dass du solche Blätter schon einmal gesehen

hast und schaust weiterhin ganz gespannt auf den riesigen Baum und den vergleichsweise kleinen Falken. „Hoch oben in der Esche ist etwas versteckt, das wir schon seit sehr langer Zeit hier aufbewahren ... Bist du bereit? Dann hole ich es dir!“, sagt er ganz aufgeregt. Du weißt nicht so genau, was dich erwartet, aber du bist so gespannt, dass du nickst. Schon fliegt er nach oben in die dichte Blätterkrone und ist verschwunden. Du kannst ihn nirgends mehr entdecken. Es raschelt ganz leise ... aber das könnte auch der Wind sein. Wo ist der Falke nur hin?

Während du noch nach oben in die Krone des Baumes schaust, plumpst neben dir etwas zu Boden. Da liegt plötzlich ein ganzer Haufen rotbrauner Federn ... Das wird doch nicht dein neuer Freund sein ...? Nein, dafür sind es viel zu viele ...
Der Federhaufen beginnt sich zu bewegen und unter einer Seite kommt das kleine Köpfchen des Falken hervor und mit etwas Schütteln und Ruckeln schafft er es aus dem Federhaufen heraus. „Puh, das war gar nicht so einfach!“, schnauft er.
Wie ist er bloß unbemerkt an dir vorbeigekommen? Du hast doch die ganze Zeit nach oben geschaut ...
Als könne er deine Gedanken lesen, antwortet er dir: „Genau das ist das Geheimnis, das ich dir jetzt zeigen werde. Dies ist ein uralter Falkenumhang - ein Mantel, der nur aus Falkenfedern besteht und der magische Kräfte hat! Schau ihn dir ruhig einmal an – heb ihn auch gern hoch!

Aber zieh ihn noch nicht an. Ich verrate dir vorher erst noch etwas."
Vorsichtig hebst du den Umhang mit beiden Händen hoch und hältst ihn vor dich. So viele schöne Federn, alle ganz eng beieinander.

„Da staunst du, oder? So schön ist der Falkenmantel! Aber das Beste verrate ich dir jetzt: wenn du ihn umlegst, wirst du dich direkt in die Lüfte erheben und fliegen können - und ... du wirst unsichtbar." Der Falke macht eine bedeutsame Pause und schaut dich mit schiefem Kopf an. Du bist nicht sicher, ob er nur Spaß macht, also schaust du erst einmal nur zurück, ohne etwas zu erwidern. „Wirklich! Der Mantel ist sehr, sehr alt und es stimmt, was ich dir sage, denn genau deswegen hast du mich eben auch nicht gesehen, als ich aus dem Baum wieder heruntergeflogen kam. Ich weiß, dass du dich darüber gewundert hast, gib es zu", sagt der Falke, und du könntest schwören, dass er grinst, obwohl das als Vogel mit einem Schnabel natürlich nicht so einfach ist. Also nickst du. „Wenn du keine Angst hast und mit mir fliegen magst, können wir das machen - obwohl ... ich kann dich dann ja auch nicht mehr sehen. Ach so, das muss ich dir unbedingt noch sagen! Wir können das zusammen ausprobieren und am Anfang kannst du mir zuschauen und nachmachen, was ich mache und so ganz leicht fliegen lernen - und weil ich dich auch nicht mehr sehe, kannst du dann ein bisschen allein herumfliegen, wenn du magst, und den Wald entdecken. Aber irgendwann sage ich ganz laut FREI, FREI, FREI und dann kommst du wieder hierher, landest und nimmst den

Mantel ab - versprichst du das?“
Es scheint ein wichtiges Versprechen zu sein und weil du so gern wissen willst, ob das wirklich klappt, sagst du ihm deutlich JA.
„Dann darfst du den Mantel nun tragen - aber denk an dein Versprechen! Wenn ich dreimal FREI sage, kommst du zurück. Viel Spaß!“

Du nimmst vorsichtig den Mantel und dein Herz klopft nun deutlich schneller. Dann wirfst du ihn dir um die Schultern und beobachtest, wie der Falke vor dir in die Luft fliegt. Du siehst ihm ganz genau zu und bewegst dann auch deine Arme - die sich nun in hellbraune Flügel verwandelt haben. Da hebst du auch schon ab und folgst dem Falken durch die Lüfte ... ganz leicht und frei, der Wind nimmt dich einfach so mit und trägt dich. Außerdem macht der Falke es so toll vor, dass du genau weißt, wie du dich bewegen musst. Er bleibt nun in der Luft stehen, so wie vorhin, und schaut sich um - irgendwie sieht er hektisch und besorgt aus und du musst kichern.
„Aha! Da bist du also!“, ruft der Falke - dein Kichern hat dich verraten. Scheinbar bist du wirklich unsichtbar geworden. Also nutze das doch mal und erkunde den Wald und die Welt. Das ist dein eigenes Abenteuer und keiner beobachtet dich ...
Was wolltest du da schon immer mal herausfinden in der Natur? Flieg einfach mal frei herum und beobachte, was dich interessiert. Das ist jetzt deine freie und unsichtbare Geheimzeit.

Wow, ist das spannend, wenn man unsichtbar ist, oder? Du siehst so viele Dinge, weil keiner DICH sieht und du an so viele Tiere ganz nah herankommst. Das macht ganz viel Spaß, stimmt's?

Du weißt nicht, wie lange du schon so herumgeflogen bist, denn die Zeit verging wirklich buchstäblich im Fluge. Da ruft es plötzlich von irgendwoher „Frei! Frei! Frei!" und du erinnerst dich, dass du nun deinen Weg zurück zur großen Esche finden musst. Also fliegst du einmal nach oben, verschaffst dir einen Überblick und kannst wirklich alles ganz klar und deutlich erkennen - diese Falken müssen ganz schön gute Augen haben, oder?! Da siehst du die Esche und steuerst blitzschnell darauf zu, denn herrlich schnell bist du auch mit deinem Falkengewand. Aber oh, wie landet man denn? Doch da bist du auch schon angekommen und purzelst etwas unsanft über die Erde.

Der Falke macht lustige Geräusche ... vielleicht ist das ja sein Lachen. Sieht er dich etwa wieder?

„Ja, ich sehe dich, deine Landung hat dir den Mantel gleich mit ausgezogen! Vielleicht magst du ja nochmal wiederkommen irgendwann, dann können wir landen üben! Magst du?"

Da musst du gar nicht lange überlegen, denn es war eigentlich ein viel zu kurzer Flug, also nickst du ganz fröhlich.

„Toll, dann sehen wir uns also wieder! Dann vergiss nicht unseren Geheimcode FREI, FREI, FREI - denn mit dem kannst du mich auch rufen, wenn du mit mir fliegen magst!

Und weißt du auch warum? Mit diesem Falkenumhang ist man völlig frei, kann ganz schnell fliegen und alles beobachten, alles erkennen - ganz und gar falkenfrei! Deshalb ist das unser geheimer Code, nur für dich und mich. Und alle magischen Formeln sagt man ja dreimal, das weißt du bestimmt, oder? Also... abgemacht?!" Er hebt etwas ungeschickt sein gelbes Füßchen an und du erkennst, dass du mit deiner Hand einschlagen darfst. Vorsichtig gibst du ihm die berühmten Fünf auf seine Vier. Lustig, dass sogar ein Vogel einschlagen kann.

Da zwinkert er lustig mit seinem gelb umrandeten Auge und hebt ab. „Ich muss jetzt wieder los und du bestimmt auch - komm bald wieder, ja? Ich freue mich, dass wir uns nun kennen, liebe/r ________*(Name des Kindes)*", ruft er dir zu und verschwindet im Wald. Du weißt ja nun aus eigener Erfahrung, wie unglaublich schnell man als Falke sein kann.

Und du freust dich schon, dieses Erlebnis zu wiederholen und so frei wie ein Falke in der Welt herumzufliegen!

Puh. Da atmest du jetzt am besten dreimal ganz tief durch, reckst dich ganz doll, streckst dich und öffnest dann ganz langsam wieder deine Augen. Willkommen zurück von deinem Abenteuer!

Falkenfrei sei dein Tag, voller Zauber sei dein Leben!

Eine Reise in den Steinzeit-Wald

Auf dieser Reise lernt das Kind, dass auch die allergrößten und allerstärksten Wesen mal **HILFE BRAUCHEN** und dass niemand ganz alleine alles schaffen kann.

Hast du schon mal eine richtige Zeitreise unternommen? Bist weit in die Vergangenheit gereist, um zu schauen, wie die Menschen damals gelebt haben? Vielleicht hast du ja schon mal mit einer Ritterburg gespielt - das war dann so eine Zeitreise, denn die Ritter lebten ja vor langer Zeit. Und wenn du magst, kannst du jetzt wieder so eine Reise machen. Aber noch viel, viel weiter zurück. Bis in eine Zeit, wo in der Gegend, in der du jetzt lebst, alles ganz anders aussah, es viel mehr Bäume und viel mehr Tiere gab. Sogar ganz andere Tiere, bei denen du vielleicht überrascht bist, dass sie hier jemals lebten. Bist du bereit? Dann mache es dir bequem, schließ deine Augen und atme dreimal tief durch.

Mit deinen nächsten Atemzügen lässt du dich ganz in die Welt deiner Fantasie gleiten ... und findest dich plötzlich in einer ganz urwüchsigen Landschaft wieder: eine große und weite Grasebene mit wilden Flüssen und kleinen moorigen Tümpeln, Gruppen von Birken und Weiden, begrenzt von scheinbar endlosen Waldflächen mit abertausenden von riesigen Bäumen. Am Horizont kannst du eine schroffe Bergkette erkennen, auf deren Gipfeln schon Schnee liegt, der in der Sonne weiß und silbrig glitzert.

Es ist ziemlich kühl und windig, die Landschaft ist rau, nirgends sind Dörfer oder gar Städte zu sehen, überall sind nur Bäume, Gräser, Farne, Büsche wie Wacholder und Sanddorn ... und vor allem Tiere, Tiere, Tiere ... Du siehst große Gruppen von Moschusochsen, die mit ihrem zotteligen Fell im Wind stehen. Auch einen Biber kannst du entdecken, der mit seinen scharfen Zähnen an einer Birke nagt, die am Flussufer steht. Mehrere Rothunde flitzen vorbei, die fast so aussehen wie Füchse, nur ein ganzes Stück größer. Und dort traben kleine helle Wildpferde mit kurzen dunklen Mähnen vorbei - es sind bestimmt hundert oder mehr. Ein Elch steht bis zum Bauch im trüben Wasser eines Tümpels und sucht nach Wasserpflanzen, die er gern mag. Ein Vielfraß, ein großer Marder, rennt auf der Suche nach Futter von einem Felsen zum anderen und macht sich dann auf den Weg zum Waldrand.

Wenn du bis jetzt noch nicht gemerkt hast, dass du dich in einer anderen Zeit, der Steinzeit, befindest, wird es dir spätestens klar, als plötzlich die Erde unter gewaltigen Schritten erzittert, du dich umsiehst und in einiger Entfernung eine Gruppe Wollmammuts erblickst. Riesige Tiere, wie Elefanten, nur mit einem warmen, dichten Fell bedeckt. Große Stoßzähne, ein langer Rüssel ... Verrückt! Solche Tiere hat es hier, wo du lebst, wirklich gegeben!

Ganz gespannt schaust du zu, wie die Gruppe Mammuts langsam näher kommt. Obwohl sie so riesig sind, sehen sie unglaublich friedlich aus, und du hast überhaupt keine Angst. Rumms, rumms, rumms ... ihre Schritte hallen auf dem Boden wider ... und dann stehen sie auch schon vor dir.

Sie scheinen ebenso verdutzt wie du zu sein, dass ihr euch hier begegnet. Menschen, die solche Kleidung tragen wie du, haben sie noch nie gesehen, denn die Menschen dieser Zeit tragen alle warme Felle und aus Leder gefertigte Hosen und Hemden.

Ein Mammut streckt seinen langen Rüssel aus und schnuppert vorsichtig an dir. Das kitzelt ein bisschen, aber du lässt es dir gefallen. Schließlich wollen die Mammuts ja wissen, mit wem sie es hier zu tun haben.

Das Mammut zieht seinen Rüssel zurück und sagt ganz langsam und mit tiefer Stimme: „Du ... siehst aber ... komisch aus!“
Na, das sagt der Richtige! Man kann kaum seine Augen erkennen, weil ihm sein dichtes Fell so übers Gesicht hängt. Aber er scheint sehr nett zu sein!
„Lass mich mal ... nach ... vorn“, sagt nun ein anderes Mammut und drängt sich aus der Gruppe zu dir durch. „Oh ... wirklich komisch. Ähm ... Sag mal ... Kannst du uns ... vielleicht helfen? Wir suchen ... ganz bestimmte ... Gräser. Gegen Bauchweh. Haben nämlich ganz viele von uns ... Bauchweh. Was Falsches gegessen. Vielleicht hast du die Gräser ... gesehen. Mit gelben ... kleinen ... Blütendingern dran.“
Meine Güte, die Mammuts reden wirklich ganz schön langsam. Aber nein, solche Gräser hast du hier noch nicht gesehen und du schüttelst den Kopf.
„Kannst du ... gut kucken?“, fragt dich das Mammut jetzt. Oh ja, das kannst du. Du nickst eifrig.
„Toll ... wir nicht.“ Die Mammuts schauen betreten zu Boden und auf ihre großen haarigen Füße.
Da hast du eine großartige Idee! Du kannst doch für sie Ausschau halten. Wenn du bei einem Mammut auf den Rücken klettern dürftest, dann könntest du ihr Ausguck sein. Wie bei einem Piratenschiff.
„Piraten? Schiff? Noch ... nie gehört!“, sagt das Mammut. „Aber ... für uns Ausschau halten, das ... klingt gut!“
Es beugt seinen Kopf herab und du kannst auf einen der großen Stoßzähne klettern, dich an einem Ohr festhalten und dann mit Schwung auf den Rücken klettern. Hui,

ganz schön hoch. So ein Mammutrücken ist ungefähr drei Meter über dem Boden.
Ganz vorsichtig stellst du dich hin, hältst das Gleichgewicht, indem du die Arme ausbreitest. Du wackelst zwar ein bisschen, aber insgesamt geht das sehr gut. Jetzt schirmst du deine Augen mit der Hand vor der Sonne ab und schaust dich um. Da hinten, schimmert da nicht etwas Gelbes im Gras? Du zeigst den Mammuts die Richtung, setzt dich bequem auf dem breiten Rücken hin, und die wolligen Riesen traben los. Das Bauchweh scheint schlimm zu sein, denn sie beeilen sich sehr.
Endlich dort angekommen, sind sie ganz begeistert, denn es sind tatsächlich die richtigen Gräser, die du gefunden hast. Und innerhalb von ein paar Sekunden haben sie alles aufgegessen.
„Mehr?“, fragt das Mammut, auf dem du sitzt. Du stellst dich wieder hin, hältst Ausschau, gibst eine neue Richtung an … und los geht's! Hinlaufen, fressen, erneut Ausschau halten, hinlaufen, fressen und so weiter. Da Mammuts so ungefähr 300 Kilo Gras, Kräuter und Moos pro Tag fressen, brauchen sie natürlich auch ziemlich viel von der Grasmedizin für ihr Bauchweh.
So geht es also den ganzen Tag, bis es schon fast dunkel ist und endlich niemand mehr Bauchweh hat.

„Danke schön", sagt das Mammut. Und alle anderen Mammuts sagen ebenfalls brav im Chor dasselbe.
„Du hast uns ... Medizin für den ... Körper gezeigt. Jetzt zeigen wir dir ... Medizin für ... die Seele."
Wieder trabt ihr los, und du hast dich schon gut an das Reiten auf diesem Riesen gewöhnt. Eigentlich ist es ganz toll hier oben, denn man hat wirklich einen tollen Überblick.
Ihr seid eine Weile unterwegs, und du siehst immer mehr Tiere, die sich euch anschließen: da sind einige der Wildpferde, die du vorhin schon gesehen hast, dazu auch der Elch, der wohl endlich aus dem Tümpel gestiegen ist, die Rothunde sind ebenfalls dabei und auch zwei der größten Bären, die du jemals gesehen hast - sogenannte Höhlenbären. Und jetzt entdeckst du auch ein Wollnashorn, das genauso aussieht wie die Nashörner heute in Afrika, aber mit einem schönen, warmen Fell.
Diese ganze Gruppe läuft immer weiter auf die Berge zu, und es werden immer mehr Tiere. Riesenhirsche, Antilopen, Höhlenhyänen, ein wunderschöner Luchs und ein paar Wölfe sind jetzt auch mit dabei. Und plötzlich bleiben alle wie auf ein geheimes Kommando stehen.
Der Himmel ist mittlerweile dunkel geworden, der Schnee auf den Bergen schimmert im Dämmerlicht. Und dann beginnt es ... Grüne Lichter erscheinen über den Bergen, flimmern über die Gipfel, schlängeln sich durch den Himmel, werden manchmal lila, dann wieder grün ... Ein unglaubliches Schauspiel der Natur, was du hier erleben darfst!
„Ah ..." und „Oh ..." machen die Tiere, und auch du staunst nicht schlecht. Die Lichter bewegen sich und sehen so wunderschön aus.

„Wer Schönheit ... sehen kann ... und Zauber, dem ... geht es ... gut!“, sagt das Mammut unter dir. „Die Seele ... der Welt ... spricht zu ... deiner Seele!“
Das stimmt. Du fühlst dich tatsächlich so, als würde die Welt zu dir sprechen und dir etwas ganz Schönes zeigen. Und so geht es wohl auch allen Tieren, die sich hier versammelt haben. Irgendwie seid ihr alle von diesen Lichtern umarmt und behütet. Eine Familie unter den Lichtern des Himmels!
„Wenn es jetzt ... dunkel wird, musst du ... bestimmt zurück“, sagt das Mammut. Wir danken dir ... nochmal. Und wir hoffen, dass ... du ... bald wiederkommst. Du bist ein ... tolles Piratenschiff!“
Du musst lachen und tätschelst zum Abschied den wolligen Kopf deines neuen Freundes.
Und dann kommt eines der grünen Himmelslichter ganz nah, berührt dich, hüllt dich ein ... und bringt dich mit seinem Zauber zurück in deine Zeit, zurück ins Hier und Jetzt, wo du sitzt oder liegst.
Ganz langsam öffnest du deine Augen und reckst und streckst dich ein bisschen. Du spürst noch immer den Zauber der Himmelslichter - und wenn du deine Eltern fragst, zeigen sie dir bestimmt mal Bilder davon. Denn diese Nordlichter gibt es auch heute noch, genau wie den Zauber und die Schönheit, die der Seele von Menschen, Mammuts, Wollnashörnern und Rothunden und allen anderen so guttun.

Fröhlich sei dein Tag, voller bunter Lichter sei dein Leben!

Die Reise zur Brennnessel

In dieser Reise erfahren Kinder, welche **KRAFT** die Brennnessel haben kann und wie man sie pflückt, ohne sich weh zu tun.

Mach es dir ganz gemütlich und atme einige Male ganz tief und langsam durch. Atme neue Kraft ein und atme ganz entspannt aus, sodass du dich leicht und frei fühlst. Schließe nun sanft deine Augen. Spüre noch einmal nach, ob du so gut sitzt oder liegst, und vielleicht machst du es dir noch einmal kurz etwas bequemer, sodass du die Reise wirklich genießen kannst.

Bist du bereit?
Während du einfach weiter ganz von selbst ein- und ausatmest, gleitest du langsam in die Welt deiner Fantasie hinüber und findest dich auf einer ganz wunderschönen, wild gewachsenen Wiese wieder. Überall blühen verschiedene bunte Blumen und andere Pflanzen – manche reichen dir bis zum Bauch, andere wachsen nur knapp über dem Boden. Ganz viele unterschiedliche Düfte kannst du wahrnehmen: süß, herb und manche fast wie Kräuterbonbons.

Der Wind weht sanft über die Wiese und lässt sie ein wenig wie ein grünes Meer mit bunten Punkten darauf aussehen. Es sind ganz schöne Wellen, die du da beobachten kannst. Da tanzt ganz nah um dich herum plötzlich ein hellgelber Schmetterling in der Luft. Er flattert ganz nah an dich heran, als ob er dich genau unter die Lupe nehmen möchte, setzt sich dann auf deine Schulter und kommt langsam immer näher an dein Ohr heran.

Und dann hörst du plötzlich, dass er mit dir spricht. Ganz leise und doch kannst du es hören, weil du selbst ganz still bist: „Gut, dass du hierhergekommen bist! Wir können deine Hilfe gut gebrauchen!", sagt der Schmetterling mit seiner hauchzarten Stimme. Er flüstert nicht, er scheint einfach ein ganz leises Wesen zu sein. „Kannst du bitte mitkommen? Ich fliege voraus und du kommst nach?", fragt er dich nun. Und ohne weiter nachzudenken, nickst du einfach.

Da fliegt er auch schon los und bahnt sich seinen Weg ganz galant zwischen den Blüten und Grashalmen hindurch oder über sie hinweg und immer kannst du ihn in geringer Entfernung noch zartgelb vor dir herflattern sehen. Du verlierst ihn nie aus den Augen und bist gespannt, wohin er dich führen wird.

Da wird er langsamer und flattert nur noch auf der Stelle. Du holst auf und kommst neben ihm zum Stehen – kannst jedoch weit und breit nur Gras und Blumen um dich herum sehen.

Ah, vielleicht musst du wieder näher rankommen mit deinem Ohr, denn er spricht ja kaum hörbar. Du bewegst also vorsichtig deinen Kopf auf ihn zu, damit er sich nicht erschrickt.

„Schau mal nach unten zu deinen Füßen ... da braucht jemand deine Hilfe!“, sagt er tatsächlich ganz außer Puste. Du schaust nach unten und entdeckst einen kleinen Maulwurf!

Du traust deinen Augen kaum, denn du hast immer nur die braunen Erdhügel in Gärten oder Parks gesehen, die die Maulwürfe hinterlassen, aber noch niemals einen echten Maulwurf einfach so oberhalb des Erdreichs. Er sieht allerdings irgendwie schlapp aus. Du gehst langsam in die Hocke und fragst ihn, wie du ihm helfen kannst. „Aaaaach ..., danke liebe/r ________*(Name des Kindes)*! Wie schön, dass du hier bist! Nach den letzten nasskalten Tagen tun mir so sehr meine Pfoten und Krallen weh, dass ich nicht mehr graben kann ... Alles ist geschwollen und der liebe Schmetterling hier kennt eine Pflanze, die da helfen soll ... nur kann er sie mir nicht pflücken, weil er ja keine Hände hat. Und mir tun so die Knochen weh...! Ich mag am liebsten hier einfach liegen bleiben und ausruhen. Ich kann kaum etwas sehen und daher wäre der Weg für mich umso anstrengender. Kannst du mit ihm gehen und sie für mich pflücken? Du bist schneller als ich und kannst viel besser sehen! Sein schmerzverzerrtes Stimmchen ist

wirklich herzzerreißend. Also magst du natürlich sehr gern helfen, wenn du kannst.
Der Schmetterling schlägt etwas deutlicher mit den Flügeln und du erkennst, dass er nun aufbrechen möchte.
Du sagst noch etwas Freundliches zu dem Maulwurf, damit er weiß, dass du bald wieder zurück sein wirst und er nicht mehr lange warten muss, und dann geht es auch schon los.
Wieder folgst du dem gelben Schmetterling durch die wilde Wiese ... bis ihr an ein paar Bäumen ankommt, in deren Schatten es gleich viel kühler ist.
Der Schmetterling fliegt ein paar Kreise und so bleibst du erst einmal stehen. Er kommt dicht an dein Ohr und sagt: „Ab jetzt sei ganz vorsichtig! Hier sind ganz viele der Pflanzen, die der Maulwurf benötigt, aber sie haben Haare, die auf eurer Menschenhaut brennen können! Und ich mag nicht, dass du dich hier verbrennst! Ich kann dir genau sagen, wie man sie pflücken kann, ohne dass es weh tut. Pass auf: hier im Schatten haben die brennenden Blumen nur ganz wenige Haare und außerdem kann man das Blatt von oben berühren, ab der Mitte zusammenfalten und dann zupfen - das habe ich schon oft beobachtet und nie tat es jemandem weh! Die Haare sind dann unterhalb des Blatts und man drückt sie zusammen. Als ob du ein Blatt faltest, mit dem du basteln magst, okay?“
Du hast natürlich schon gesehen, dass hier im Schatten so einige Brennnesseln stehen, denn die kennst du schon. Wie witzig, dass der Schmetterling sie brennende Blumen nennt, oder? Und natürlich magst du dich absolut nicht verbrennen. Also schaust du dir die oberen Blätter einmal ganz genau an und suchst nach den brennenden Haaren.

Und tatsächlich! Oben auf dem Blatt sind sehr viel weniger Haare als unten drunter.

Da wispert dir der Schmetterling noch etwas ins Ohr: „Pack ganz schnell und beherzt zu. Dann brennt es am wenigsten, weil du das Haar komplett wegdrückst. So kann es nicht in deine Hand piksen!“ Das klingt abenteuerlich, aber natürlich magst du dennoch dem armen Maulwurf helfen.

Du suchst dir ein Blatt aus, packst von oben beherzt zu, drückst die Mitte zusammen und zupfst es ab.

„Für den Maulwurf gebe ich das sehr gern!“, hörst du plötzlich eine freundliche Stimme sagen. Huch! Wer ist denn noch hier?

Hat etwa die Pflanze mit dir gesprochen?!

„Aber ja, wir können uns auch verständigen“, kichert es um dich herum. „Nimm dir noch vier Blätter mit, wir stechen dich auch nicht! Dann müsstest du genug haben, um zu helfen!“

An die sprechenden Tiere hast du dich gewöhnt, aber das ist neu. Spannend. Du magst der Brennnessel gern glauben und auf gleiche Weise zupfst du wieder eins nach dem anderen der Blätter ab. Du schaust erst ganz genau und nimmst dann beherzt das, das wenige Haare hat.

Dann hast du fünf Blätter zusammen. Puh und es hat wirklich bisher noch nicht gebrannt, sehr gut.

Der Schmetterling flattert nun los, aber du nimmst dir noch ein paar Momente, um dich bei den Brennnesseln zu bedanken. Dann folgst du deinem fliegenden Freund mit deinen fünf Brennnessel-Blättern in der Hand.

Zurück beim Maulwurf hörst du ihn seufzen und wimmern. Der Schmetterling flüstert dir ins Ohr: „Er kann sich nicht gut in sein Zuhause zurückgraben, weil er solche Schmerzen in den Pfoten hat. Und er vermisst seine Familie.“ Das verstehst du natürlich sehr gut - und es ist wunderbar, dass du so schnell zurück bist. Du gehst in die Hocke und legst ihm die fünf Blätter direkt vor sein kleines Gesicht.

Langsam hebt er den Kopf, schnuppert eifrig und beißt dann in sein erstes Blatt. Happs! Bissen um Bissen nimmt er und schmatzt lange darauf herum.

Niedlich sieht er aus, wie er so kaut und schmatzt, und es klingt auch lustig. Du beobachtest ihn geduldig und auch der Schmetterling sitzt wieder auf deiner Schulter und schaut zu.

Dann sind alle fünf Blätter aufgegessen und der Maulwurf lässt ein zufriedenes kleines Rülpsen hören. „Danke!“, sagt er dann erleichtert. Dann streckt er plötzlich seine Vorderpfoten aus und bewegt seine Finger, als ob er Klavier spielen würde. Es knarzt ein wenig wie alte Äste, die im Wind gegeneinanderreiben. Und dann sieht er aus, als ob er lächelt.

„Oh ja, ich merke schon, dass die Schwellungen abnehmen und die Glieder wieder munter werden! Langsam, aber immerhin. Bin ich froh! Nun kann ich mich zu meiner Familie zurückbegeben!“, freut er sich. „Danke von ganzem Herzen, liebe/r ________*(Name des Kindes)*! Du warst eine große Hilfe! Und du auch, lieber Schmetterling!“

Der Maulwurf wendet sich dem kleinen Erdhügel zu, der hinter ihm ist, und fängt mit vorsichtigen Bewegungen zu graben an … und ist ruckzuck in der Erde verschwunden.
Der Schmetterling flattert neben deinem Ohr. „Komm, ich bringe dich wieder zurück!“
Du folgst ihm über die Wiese mit all den unterschiedlichen Wildblumen und kommst wieder dort an, wo deine Reise begonnen hat.
„Du hast das wirklich ganz toll gemacht, liebe/r ________*(Name des Kindes)*! Und so mutig! Die Brennnesseln hätte nicht jede/r einfach angefasst! Das war ganz super und auch ich danke dir nochmal! Vielleicht besuchst du uns hier wieder einmal, dann unternehmen wir etwas Lustigeres, okay?!“, sagt er dir zum Abschied. Du nickst und beobachtest schon, wie er nochmal einen schnellen Kreis über deinem Kopf fliegt und dann auf und davon in die wilde Wiese verschwindet.
Das war wirklich spannend … und so atmest du einmal tief ein und aus und öffnest langsam deine Augen, reckst und streckst dich!
Vielleicht magst du ja zuhause berichten, wie man Brennnesseln pflücken kann …

Fröhlich sei dein Tag, voller mutiger Abenteuer sei dein Leben!

Der weiße Rabe, der kein Unglück bringen wollte

In dieser Reise erfahren Kinder, dass sie selbst eine **GROSSE HILFE** sein und andere Wesen mit kleinen Taten **SEHR GLÜCKLICH** machen können.

Mach es dir ganz gemütlich. Setze oder lege dich bequem hin und dann – du kennst das schon – atme dreimal ganz tief und langsam durch. Wenn du einatmest, bekommst du neue Kraft, und wenn du ausatmest, wird es ganz leicht in dir. Und spätestens jetzt schließe sanft deine Augen. Spüre noch einmal nach, ob du so gut sitzt oder liegst, und vielleicht magst du noch einmal tief einatmen und mit einem Geräusch alles ausatmen und nur noch locker und entspannt hier sein.

Jetzt bist du bereit für unsere Reise, oder? Während du weiter ganz von selbst ein- und ausatmest, gleitest du langsam in die Welt deiner Fantasie hinüber und entdeckst nach und nach eine wild gewachsene Landschaft um dich herum. Überall sind ganz alte knorrige Bäume mit hohen und dichten Kronen, die sich wie grüne Riesen in den Himmel strecken. An einigen Bäumen windet sich Efeu hinauf und auch eine andere Schlingpflanze, die sich um manche Äste ganz schön fest herumwindet. Du spürst einen ganz wilden Wind – der zwar nicht kalt ist, dich aber ab und an ganz schön von der Seite schubst. Direkt vor dir tut sich ein kleiner Weg auf, der auf einen einzelnen jungen Baum zuführt, der auch ringsherum von Schlingpflanzen umwuchert ist und wie ein gewundener Stab aussieht. Ganz spannend … Das musst du dir näher ansehen!

Als du an den Baum herantrittst, hörst du ein ganz seltsames Krächzen und Fiepsen ... Du kannst es nicht recht zuordnen und je näher du kommst, desto lauter wird es. Nun klingt es wie ein krächzendes Weinen und fast Schreien – ob jemandem etwas weh tut?! Du schaust dich überall um und kannst nichts entdecken. Vielleicht magst du einmal mutig „Hallo – ist da jemand?“ fragen?

Da tritt plötzlich mit unsicheren Schritten ein kleiner von Kopf bis Fuß weißer Vogel mit einem sehr, sehr großen Schnabel hinter dem gewundenen Bäumchen hervor. Er schaut dich ganz verdutzt an und sieht richtig traurig aus. „Ja, ich bin da ... Und wer bist du?“, sagt der weiße Vogel. Du stellst dich vor und gehst ganz vorsichtig ein bisschen näher heran. Der kleine Vogel legt direkt seinen Kopf schief und schaut dich noch aufmerksamer an, damit ihm keine deiner Bewegungen entgeht. Da fragst du ihn, warum er so traurig ist ...
„So viele Menschen sagen, dass wir Raben Unglück bringen und jetzt ist es passiert – ich habe Unglück gebracht und nun verstecke ich mich hier, weil ich mich so schäme!“, verrät dir der kleine weiße Rabe ganz verzweifelt.
Moment mal ... Ein weißer Rabe? Sind Raben nicht immer schwarz? Und als könne er deine Gedanken lesen, sagt er: „Die allermeisten Raben sind schwarz und haben ganz tolles glänzendes Gefieder ... aber ganz selten wird auch ein weißer Rabe geboren. Es hat seit langer Zeit keinen mehr gegeben und nun gibt es mich. Vielleicht war das ja schon das erste schlechte Zeichen! Oh nein!“ Er klingt nun noch verzweifelter und lässt richtig seinen Kopf hängen. Du

weißt gar nicht, was du zu dem armen kleinen Kerl sagen sollst – denn er soll sich ja nicht noch mehr schämen. Dabei wüsstest du natürlich gern, was denn überhaupt passiert ist.

Auf einmal bewegt er sich etwas hektischer und springt auf und ab. „Ich hab eine Idee, ich hab eine Idee! Vielleicht bin ich ja doch kein Unglücks-Rabe!"

Es blitzt um seine Augen herum und scheinbar bessert sich seine Laune ganz erheblich und er scheint wieder Hoffnung zu haben.

„DU kannst mir helfen! Du bist groß genug und du kannst es bestimmt tragen – du wirst alles retten können! Ich bin so froh, dass du heute hier bist!" Fröhlich hüpft er um dich herum.

Doch was sollst du nun machen?!

Da legt er wieder seinen weißen Kopf schief und sieht dich intensiv an. „Ich wohne eigentlich ganz dahinten am anderen Waldrand, dort, wo der Fluss entlangführt. Warst du schon einmal da?", fragt er dich. Du schüttelst den Kopf. „Dann fliege ich voraus und zeige es dir, okay? Ich bin ganz sicher, dass du es schaffen kannst!", sagt er, und ohne lange auf deine Antwort zu warten, hüpft er hoch und flattert hektisch los. Du bist ganz gespannt und möchtest ihm natürlich gern helfen, wenn du kannst, was er dir zweifelsfrei zuzutrauen scheint. Also läufst du ihm hinterher. Ab und an musst du dich ducken, weil auf deiner Kopfhöhe ein knorriger Ast in den Weg ragt und manchmal springst du auch über einen umgefallenen Baumstamm oder kletterst über ihn herüber. Dann fliegt der weiße Rabe abseits des Weges nach links und saust nun immer schneller zwischen den wild durcheinanderwachsenden alten Bäumen hin-

durch. Du hast ganz schön Mühe, nicht aus der Puste zu kommen oder den Vogel aus den Augen zu verlieren – zum Glück ist er so weiß und daher gut sichtbar! Sonst hättest du ihn bestimmt schon verloren.
In einiger Entfernung siehst du nun das Wasser des Flusses glitzern und kannst es auch schon dahinplätschern hören. Und auf einem Baumstumpf direkt am Ufer landet nun der kleine weiße Rabe.
Endlich kannst du aufholen und ihr scheint am Ziel zu sein. Er schaut auf den Fluss und dann zu dir – und dann wieder angespannt auf den Fluss.
Du schaust dort ebenfalls hin und als du näher kommst, erkennst du es: ein Nest schwimmt dort in der Flussmitte und wird von den kleinen Wellenbewegungen immer wieder gegen einen großen Stein gedrückt.
„Wenn wir es nicht retten, wird es bestimmt irgendwann vom Fluss fortgespült! Ich komme nicht dort heran und kann es nicht aus der Flussmitte holen – aber du bist groß genug. Und wenn du diesen gebogenen Stock da nimmst, kannst du es ganz sicher herausangeln! Schau mal!“, erklärt er dir ganz aufgeregt und hüpft einige Schritte zu diesem Stock. Tatsächlich ist dieser so krumm gewachsen, dass er an einem Ende fast einen Halbkreis bildet.
Dir ist trotzdem etwas komisch bei der Sache …
„Bitte hab keine Angst!“, sagt der kleine weiße Rabe. „Ich wollte meinen Eltern beim Ausbessern des Nestes helfen … obwohl sie gesagt haben, ich soll einfach nur auf sie warten … Sie sind losgeflogen, um etwas zu essen und etwas Warmes für unser Nest zu finden, und mir war langweilig. Also bin

ich auch losgeflogen. Es ist ein ganz wilder Wind heute und als ich gerade mit meinen gesammelten Moosflechten zurückgekommen bin, hat er mich erwischt und ich bin bei der Landung gegen das Nest gestoßen – und hab es so vom Baum gerissen. Es war ein großes Unglück!", verrät er dir. Du erinnerst dich, dass dir der unberechenbare Wind auch gleich zu Beginn der Reise aufgefallen ist. „Ich bin noch ganz jung und habe so einen Wind noch nie erlebt. Er hat mich einfach überrascht und, dir kann ich es ja sagen ... er hat mich auch erschreckt. So ist das dann alles passiert. Und der Wind hat das Nest einfach in den Fluss geweht. Es ist dort herumgetrieben, bis es sich an diesem Stein verklemmt hat. Zum Glück – genauso, wie ich DICH zum Glück getroffen habe ... Hilfst du mir?", fragt er dich und legt dabei wieder den Kopf ganz schief. Du musst dir ein bisschen das Lachen verkneifen, weil er so niedlich aussieht – aber die Lage ist ja ganz ernst für ihn und so schnappst du dir den gebogenen Stock und gehst genau gegenüber dem Stein in der Flussmitte an das Ufer. Als du ganz trittsicheren Halt hast, beugst du dich weit nach vorn mit deinem Stock und benutzt die Biegung wie einen Arm, der sich einmal um das Nest legt und es heranzieht. Ganz vorsichtig ziehst du es durch den Fluss auf dich zu. „Oh nein, oh nein, langsam, ganz vorsichtig, pass auf, ja?! Uiuiui ...!" Ununterbrochen krächzt der kleine weiße Rabe seine Aufregung heraus und hüpft genauso aufgeregt herum. Doch du lässt dich davon gar nicht ablenken, sondern ziehst das Nest ganz sicher und ruhig zu euch heran.

Und da ist es auch schon wieder am Uferrand und du fischst es mit einer Hand aus dem Wasser.

„Juhuuuu! Du hast mich gerettet! DANKE! Jetzt muss ich nicht der erste Rabe in unserer Familie sein, der ganz schlimmes Unglück gebracht hat! Und meine Eltern müssen auch kein ganz neues Nest bauen. Bin ich froh!“, ruft er begeistert.

Aber muss das Nest nicht noch in den Baum zurückgebracht werden?

Wieder scheint er deine Gedanken zu lesen: „Sieh mal dort“, sagt er und zeigt mit seinem Kopf auf einen alten Baum, der in der Nähe steht und so lustig knorrig gewachsen ist, dass seine Äste fast eine Wendeltreppe um ihn herum bilden. Da bekommst du sofort Lust, einfach mal hochzuklettern. Und du erkennst auch gleich, wo das Nest gewesen sein muss, denn da ist eine kleine Mulde in dem Baum, die zwei dicke Äste bilden und die fast wie eine Handfläche aussieht.

Also kletterst du mit dem Nest auf den Baum hinauf …

Gar nicht so einfach zu klettern, wenn man nur eine Hand frei hat, oder?

Oben angekommen legst du das Nest ganz vorsichtig in die Baummulde. Es passt genau hinein.

Im gleichen Moment quiekt es ganz komisch von unten und als du runterschaust, hüpft der kleine Rabe wie ver-

rückt herum. Dann fliegt er zu dir hinauf und jubelt: „Du hast mich gerettet! Ich bin ein Glücksrabe!“ Du freust dich sehr mit ihm, denn seine Freude ist wirklich ansteckend!
„Bestimmt musst du nun langsam wieder nach Hause, oder?“, fragt er dich. „Komm, ich bringe dich zurück.“ Und so kletterst du wieder den urwüchsigen Baum hinab und folgst dem weißen Raben, der ganz zielsicher vor dir her durch den Wald fliegt, bis ihr wieder bei dem gewundenen Baumstamm ankommt, wo ihr euch vorhin zum ersten Mal getroffen habt.

„DANKE, liebe/r ________*(Name des Kindes)*“, sagt der kleine weiße Rabe zu dir. „Du hast mich gerettet und ich werde es dir nie vergessen, dass du aus mir einen Glücksraben gemacht hast! Deswegen möchte ich auch ein wenig Glück an dich weitergeben!“ Und schon hält er dir mit seinem Schnabel eine weiße Feder entgegen. „Die ist für dich!“, nuschelt er. „Als Glücksbringer!“
Dankbar nimmst du die schöne Feder entgegen. Ganz weich fühlt sie sich an, und sie ist wirklich schneeweiß. Etwas ganz Besonderes!
Der kleine Rabe breitet seine Flügel aus, schwingt sich nach oben in den Wind und ruft dir noch zu: „Komm doch mal wieder her und besuche mich, ja?!“ Und schon ist er im Wald verschwunden.
Das war wirklich ein tolles Erlebnis. Du bist froh, dass du den Raben kennengelernt hast und dass er nun dank dir wieder glücklich und zufrieden ist. Wer weiß, was er dir bei deinem nächsten Besuch noch alles zeigen kann?

Du atmest dreimal tief durch, reckst dich ein wenig und öffnest dann ganz langsam wieder deine Augen. Willkommen zurück in deinem Alltag!

Fröhlich sei dein Tag, voller Glück sei dein Leben!

Der Fuchs mit den vielen Gesichtern

In dieser Reise lernt das Kind, dass es nicht auf eine bestimmte Rolle festgelegt ist, sondern sein Leben **SELBST GESTALTEN** darf. Außerdem lernt es, dass Weisheit auch manchmal auf **SCHELMISCHE WEISE** vermittelt werden kann.

Magst du wieder auf eine Reise gehen? Und magst du heute vielleicht einen ganz besonderen neuen Freund treffen, der dich so richtig überraschen kann?
Dann mache es dir bequem, schließ sanft deine Augen und nimm drei tiefe Atemzüge. Jeder Atemzug verbindet dich ganz mit dir selbst und zugleich mit den vielen Wundern dieser Welt, von denen du auch eines bist.

Nun lass dich mit den nächsten Atemzügen langsam in die Welt deiner Vorstellungskraft gleiten. Sieh dich selbst, wie du plötzlich in einer urwüchsigen Landschaft stehst: Ein tiefgrüner Wald mit uralten, knorrigen Bäumen, die ihre Wurzeln in den weichen und duftenden Boden strecken. Eichen und Buchen bilden mit ihren weit ausladenden Kronen ein grünes, lebendiges Dach über dir, durch das vereinzelt goldene Sonnenstrahlen fallen und auf dem Waldboden ein tanzendes Muster erzeugen.
Dein Blick schweift umher und du siehst eine Gruppe Rehe,

die mit eleganten Sprüngen im Unterholz verschwindet. Amseln, Blaumeisen und Buchfinken flattern zwitschernd in den Bäumen umher, ein Specht klopft, und dort siehst du auch einen Eichelhäher, dessen blau-schwarz gestreifte Flügelfedern vor dem tiefen Grün des Waldes aufleuchten. Du setzt einen Fuß vor den anderen, wanderst zwischen den Bäumen umher, lässt dich treiben, lässt dich von der Schönheit und dem Wunder des Lebens leiten, entdeckst dann einen kleinen Weg und folgst ihm tiefer in den Wald hinein.
Die angenehm warme Luft, die frisch und würzig riecht, umfängt dich - und dir ist, als heiße dich der ganze Wald willkommen!

Deine Schritte führen dich an Dachsbauten vorbei, und du entdeckst die roten Hauben von Fliegenpilzen, die sich aus dem Moos und dem Laub des Vorjahres emporrecken. Und dann siehst du noch etwas anderes Rotes: Das weithin leuchtende Fell eines Fuchses, der am Fuß einer alten Eiche sitzt und auf dich zu warten scheint. Dunkle, freundliche Augen schauen dich aus einem spitzen weiß-roten Gesicht an. Er legt den Kopf schief ... und ... hat er dir da etwa gerade zugezwinkert?

Du gehst näher heran. Scheinbar völlig ohne Angst sitzt der Fuchs dort und macht keinerlei Anstalten wegzulaufen. Als du direkt vor ihm stehst, läuft er ein Stückchen weiter auf dem kleinen Weg voraus, wartet wieder auf dich, schaut dich an und fordert dich auf, mitzukommen.
Gerne folgst du dem Fuchs, holst ihn ein und läufst nun einfach neben ihm her - so, als wäret ihr schon immer die besten Freunde gewesen.
Ihr lauft etwas schneller, hüpft über Wurzeln, über bemooste Steine, springt auch über einen kleinen Bach ... und bei jedem Schritt spürst du unter deinen Füßen die Kraft der Erde, die dir und dem Fuchs und allen anderen Wesen Heimat ist.

Plötzlich bleibt der Fuchs stehen und dreht sich zu dir um. Lächelnd fragt er dich: „Möchtest du dich einmal wie ein Fuchs fühlen?“
Und als du nickst, berührt er dich ganz leicht mit seiner Pfote. Augenblicklich spürst du, wie sich dein Körper verändert, wie du kleiner wirst, wie rotes Fell auf deiner Haut wächst, wie deine Ohren sich aufrichten ... wie du zum Fuchs wirst, mit den Augen eines Fuchses siehst, mit der Nase eines Fuchses riechst und mit den vier Beinen eines Fuchses weiterläufst: weiter in den Wald, weiter in den Zauber ... Gemeinsam lauft ihr weiter, zwei rote Freunde, die durch das Grün des Waldes flitzen!

Dann kommt ihr an einer uralten Buche an, deren glatter grauer Stamm sich in den Himmel schraubt. Dein Fuchsfreund dreht sich ein paar Mal im Kreis, richtet sich auf, verändert sich ... Irgendwie flackert und flim-

mert er ... und plötzlich sitzt ein Eichhörnchen statt eines Fuchses vor dir. Große dunkle Augen schauen dich an. Kleine Fellhände mit spitzen Krallen halten eine golden schimmernde Nuss, die es nun zu dir herüberwirft. Die Nuss berührt dein Fuchsfell und ein Schauder läuft dir den Rücken hinunter. Du spürst den Zauber, erlebst die Veränderung, als du dich ebenfalls in ein Eichhörnchen verwandelst. Du kennst diese Gestalt noch nicht, und dennoch fühlt es sich sofort vertraut an und du kannst direkt deinem Freund hinterherklettern, der schon die alte Buche hinaufzischt. Dort oben im Blätterdach springt ihr von Ast zu Ast und von Baum zu Baum. Alles ist leicht, jeder Sprung ist so einfach. Alles fühlt sich ganz natürlich an ...

Und dann bleibt das Eichhörnchen wieder sitzen, dreht sich, verändert sich, flackert und flimmert. Aus seinen Vorderbeinen werden Flügel, sein Bauch bleibt rot, doch sein Rücken wird grau, und seine kleine Schnauze wird zu einem Schnabel. Ein Falke sitzt nun vor dir, aus dessen Federkleid sich eine einzelne Feder löst und vom Wind zu dir herübergetragen wird. Und sobald dich diese Feder berührt, beginnt der Zauber auch bei dir. Federn sprießen aus deinem Fell ... dein Gesicht verändert sich, deine Hinterfüße werden zu gelben Klauen ... und dann schwingst

du dich als Falke in die Luft, steigst über das Blätterdach in den Himmel auf und betrachtest den großen grünen Wald von oben ... Wie toll das ist, einfach zu fliegen, zu schweben und sich von der Luft tragen zu lassen!

Dann entdeckt dein Freund in Falkengestalt eine Lichtung mit einem kleinen Bach und einer Ansammlung größerer Felsen in der Mitte.
Langsam schwebt ihr darauf zu, macht hier einen Flügelschlag und dort, landet auf den großen Steinen und hüpft von dort auf den Boden.

Wieder dreht sich dein Begleiter im Kreis, wird irgendwie leicht unscharf, verschwimmt, wird zu einem Wirbel, der ein eigentümliches Leuchten in sich trägt ... und wird dann zu etwas völlig Neuem, zu etwas, das du wirklich noch nie gesehen hast ...
Ein Wesen mit einem Fell wie ein Fuchs, das aufrecht auf zwei Beinen steht, das eine viel zu große Hose trägt, die nur von zwei quietschbunten Hosenträgern gehalten wird ... mit einem großen Hirschgeweih, in dessen Mitte ein lustiges Hütchen sitzt, auf dem sich ein kleiner Propeller dreht ... ein Gesicht wie eine Mischung aus einem Bär und einem Biber ... menschliche Hände, die mit schillernden Federn

bedeckt sind ... gelbe große Füße mit Schwimmhäuten ... und ein langer, buschiger Schweif, der sich freudig dreht und hin und her wackelt.

„Das bin ich ...“, sagt das Fuchszauberwesen und dreht sich im Kreis, sodass du es von allen Seiten betrachten kannst. Wie lustig er jetzt aussieht! Ihr müsst beide lachen ...
„Wie möchtest du aussehen?“, fragt er dich nun. „Wenn alles möglich wäre, wie würdest du aussehen?“
Und dann wirft er dir einen goldenen Ball zu, einen Zauber, der dich berührt und der dir ein ganz großes Geschenk macht: FREIHEIT.
Es kribbelt überall in dir und du spürst, dass du alles, wirklich ALLES sein kannst. Der Zauber fließt durch dich hindurch ... alles verwandelt sich ...
Du wirst langsam zu einem lustigen Tier-Clown-Mensch-Mischmasch-Wesen ... Und zwar genau das, was dir selbst am allerbesten gefällt! Vielleicht hast du grünkariertes Fell, vielleicht gelbe Federn, vielleicht hast du riesige Schuhe an und eine Hupe dabei ... Alles ist möglich!
Wie siehst du aus? In was verwandelst du dich?

Wenn du magst, mach ein paar Schritte zum Bach und schau dein Spiegelbild an. Musst du auch lachen?
Dein Fuchsfreund kichert auf jeden Fall schon und freut sich riesig, dass du nun auch so lustig wie er aussiehst. Er hüpft um dich herum, der kleine Propeller auf seinem Hut dreht sich wie wild und er singt ein Lied, das nur aus Quatschwörtern besteht.

Da kannst du aber locker mithalten, machst dazu Töne wie eine kaputte Trompete und rennst mit ausgebreiteten Armen im Kreis herum.
Ihr werdet immer wilder und macht jeden Quatsch, der euch nur einfällt, lacht euch scheckig (vielleicht sogar wortwörtlich) und sinkt irgendwann ein bisschen müde auf die Wiese.

Wieder fängt es an, in deinem Körper zu kribbeln, und auch dein Fuchsclownfreund beginnt wieder zu flimmern und zu flackern ... und dann bist du wieder ganz du selbst, einfach ________ *(Name des Kindes)*, so wie du dich kennst. Auch der Propeller-Fuchsclown ist wieder einfach ein Fuchs.
Er lächelt dich an und kommt dann zu dir gelaufen, um sich an deinen Beinen zu reiben. Lange schaut er dich an und sagt: „Ganz egal, wie du aussiehst ... ich finde dich toll und bin gern dein Freund."
Dann dreht er sich um und steuert wieder auf den Rand der Lichtung und den tiefen Wald zu. Diesmal braucht er dich nicht auffordern, ihm zu folgen, denn du weißt, dass er dich zum Ausgangspunkt deiner Reise zurückbringen wird.

Ihr lauft wieder durch den Wald, hüpft über Wurzeln und Steine, über den kleinen Bach, bis ihr wieder bei dem schmalen Weg, den Fliegenpilzen und den Dachsbauten angekommen seid, wo deine heutige Reise begann.
Nun ist es Zeit, dich von dem Fuchs (oder was immer dieses Wesen auch sein mag) zu verabschieden. Bedank dich in deinen Worten bei ihm ... und vielleicht magst du ihm ja auch sagen, dass du gern wiederkommen magst ...

Und dann, als der Fuchs sich umdreht und im Dunkel des Waldes verschwindet ... wendest du dich in die andere Richtung, gehst noch ein paar Schritte auf dem weichen Waldboden ... und kommst langsam wieder hier an, wo du sitzt oder liegst und dir diese Geschichte vorgelesen wird. Atme wieder dreimal tief durch ... und öffne dann langsam deine Augen.
Willkommen zurück, du wunderbares Wandelwesen!

Gesegnet sei deine Kraft, gesegnet sei deine Freiheit, gesegnet sei dein Leben!

Ein Dachs ist gar nicht grummelig

In dieser Reise stellt sich für das Kind heraus, dass nicht immer alles so ist, wie es scheint, und dass der **ERSTE EINDRUCK DOCH MANCHMAL TÄUSCHT.**

Hast du Lust auf eine Reise in den Wald? Magst du neue vierbeinige Freunde kennenlernen? Dann mach es dir bequem, schließ deine Augen und atme dreimal tief durch. Du weißt ja: Das ist die beste Vorbereitung für ein Abenteuer!
Und jetzt kannst du dich mit deinen nächsten Atemzügen ganz der Welt deiner Fantasie überlassen ... Lass dich in wunderschöne Bilder hineinsinken und sieh dich selbst,

wie du in einem großen grünen Wald umherwanderst.
Du setzt einen Fuß vor den anderen, schaust dich um und entdeckst viele verschiedene hohe Bäume, dazu unzählige Vögel, die auf den Ästen herumhüpfen oder von einem Baum zum anderen fliegen, siehst hier ein paar Mäuse und dort ein paar Eichhörnchen ... und kannst auch eine Gruppe Rehe beobachten, die an ein paar jungen Bäumchen knabbert.
Es ist eine ganz eigene Welt hier im Wald, und trotz der vielen Tiere, trotz der vielen Stimmen, die durcheinandertönen, scheint es dir ein friedlicher und stiller Ort zu sein.

Du wanderst noch eine Weile umher, bis du ein paar Hasenkinder entdeckst, die am Fuß einer riesigen Eiche Fangen spielen. Immer wieder flitzen sie um den Baum herum, und du fragst dich, woher sie überhaupt wissen, wer hier wen verfolgt, wenn sie alle so im Kreis rennen ... Aber offenbar haben sie viel Spaß, denn du hörst sie immer wieder lachen und vor Freude kreischen!
Jetzt sehen sie dich auch und laden dich ein, mit ihnen zu spielen ... Also versuch mal, eines der Hasenkinder zu erwischen, die wie ein geölter Blitz durch den Wald flitzen. Du bist auch verdammt schnell, aber die Hasenkinder schlagen immer im letzten Moment, kurz bevor du sie berühren kannst, einen Haken.
Irgendwann seid ihr erschöpft und sinkt gegen den bemoosten Stamm eines großen grünen Baumes. Puh! Jetzt erstmal durchatmen ...
Zusammen sitzt ihr unter dem Baum und erholt euch, als ihr plötzlich ein lautes Rascheln im Gebüsch vernehmt und ein tiefes Brummen hört.

„Oh nein", sagt eines der Hasenkinder, „da kommt der alte Dachs. Nichts wie weg hier!"

Du wunderst dich und fragst, was los sei. „Das weiß doch jeder, wie unfreundlich und grummelig der alte Dachs ist", meint da ein anderes Hasenkind. „Der brummt und schimpft immer nur vor sich hin. Und er kann Kinder überhaupt nicht leiden ..."

Ehe du dich versiehst, flitzen die Hasenkinder davon und verschwinden ängstlich zwischen den Bäumen. Was nun? So schnell wie die Hasen bist du nicht ... und während du noch überlegst, was du tun sollst, teilt sich auch schon das Gebüsch vor dir und ein breites schwarz und weiß gestreiftes Gesicht erscheint.

„Hm, hm, wer bist du denn?", fragt eine tiefe Stimme. Jetzt ist es zu spät ... und du sagst lieber deinen Namen. „Ah, hm, hm", grummelt der alte Dachs, der jetzt ganz aus dem Gebüsch krabbelt, „von dir habe ich schon gehört. ________ *(Name des Kindes)*, Freund/-in der Tiere. So nennt man dich hier, hm ..." Er schaut dich aus kleinen Äuglein an und runzelt die Stirn. „Bist du das auch wirklich? Freund/-in der Tiere?"

Du nickst, denn du magst ja Tiere. Wenn auch die meisten freundlicher sind als dieser alte Miesepeter. Der Dachs kneift seine Augen noch mehr zusammen und schaut dich prüfend an. Dann kommt er näher … stapft mit seinem breiten, kräftigen Körper auf dich zu … baut sich vor dir auf … und fängt an, ganz breit zu grinsen.

„Das freut mich aber sehr, dass du mich auch mal besuchst …“, sagt er dann ganz freundlich. Seine Äuglein blitzen fröhlich und sein Lächeln ist richtig ansteckend, sodass du zurücklächelst.

„Die Hasenkinder haben dir bestimmt erzählt, ich sei ein alter Grummelbart“, sagt er. „Aber das stimmt nicht wirklich. Ich grummele, weil das Dachse eben so machen, das ist einfach unsere Art. Und Hasenkinder missverstehen das vielleicht manchmal. Doch irgendwann finden sie dann heraus, dass ich eigentlich ein sehr netter Dachs bin. Komm mit, ich zeige dir etwas …“

Er schiebt sich durch den Wald voran und du folgst ihm. Du hast jetzt überhaupt kein schlechtes Gefühl mehr, weil du merkst, dass er wirklich ein sehr freundlicher Geselle ist.

„Hier, schau mal“, sagt der Dachs nun und bleibt vor einem Erdloch stehen, das unter einer Wurzel

versteckt ist. „Das ist mein Zuhause ... Und schau mal, wer da noch ist ...“

Erst siehst du niemanden, aber dann ruft der Dachs laut „Hallo ... bin zuhause!“ und plötzlich tauchen aus dem Dunkel des Loches mehrere Gesichter auf: ein weiterer älterer Dachs, mehrere Dachskinder, dazu noch ein Marder und zwei junge Füchse ... Sie alle strecken die Köpfe aus dem Bau und schauen dich an.

„Wir wohnen hier alle zusammen“, erklärt dir der alte Dachs nun. Wir teilen uns einen Bau, weil er groß genug für uns alle ist. Schon mein Opa hat diesen Bau gegraben, mein Vater und meine Mutter haben ihn erweitert, und ich buddele auch noch immer hier und da, sodass immer mal ein Zimmer dazukommt. Und da ziehen dann andere Tiere ein ... In einem Jahr sind es junge Füchse und ein Marder wie jetzt, mal sind es auch Mäuse, Kaninchen oder Hasen, die hier wohnen.“

Alle Köpfe, die du im Eingang der Dachshöhle sehen kannst, nicken eifrig.

„Ja“, sagt einer der jungen Füchse, „genauso ist es. Wir wohnen alle hier im Dachsbau, der wirklich riesig ist. Und wenn ihn auch alle Grummelbart nennen, ist der alte Dachs doch in Wirklichkeit ein guter Freund und teilt seine Wohnung mit uns.“

„Außer wir pupsen zu doll ...“, meldet sich der andere Fuchs zu Wort. „Dann grummelt er.“

Jetzt grummelt er auf jeden Fall nicht, denn alle lachen wegen der Bemerkung über die Fuchspupse, und der alte Dachs lacht mit.

„Du bist manchmal aber auch eine echte Stinkbombe“, sagt er zu dem jungen Fuchs, dem seine Worte jetzt ein bisschen peinlich sind. Der alte Dachs tätschelt ihm liebevoll die Schulter. „Aber keine Sorge, mein Kleiner ... Solange wir nicht alle husten müssen und anfangen zu weinen, sind deine Pupse nicht so schlimm ...“

Alle lachen wieder und auch der junge Fuchs stimmt mit ein. Das scheint wirklich eine fröhliche Wohngemeinschaft zu sein.

Nun kommen alle Bewohner aus dem Bau gekrabbelt und versammeln sich um dich. Gemeinsam bildet ihr einen Kreis - einen echten Kreis der Freundschaft! Das Dachspaar mit seinen Kindern, die jungen Füchse, der Marder und du - und da siehst du auch die drei Hasenkinder, die euch offensichtlich gefolgt sind und jetzt ein bisschen schüchtern hinter einem Baum hervorlinsen ...

„Hm, hm ...“, macht der alte Dachs und ruft dann so freundlich er kann: „Kommt ruhig her und setzt euch zu uns!“

Mit großen überraschten Augen schauen sich die Hasenkinder an, geben sich dann einen Ruck und kommen zu euch herüber. Auch für sie ist noch Platz in eurem Kreis.

Und als alle sitzen, taucht plötzlich ein sanftes goldenes Licht in eurer Mitte auf, das euch alle auf wundersame Weise wärmt. Ganz schön fühlt sich das an ...

„Das Licht der Gemeinschaft ...“, murmelt der alte Dachs so leise, dass man ihn kaum hören kann. Aber du hast ihn verstanden, weil du direkt neben ihm sitzt. Das Licht strahlt heller auf, berührt eure Herzen und schmilzt in euch hinein. „Verbunden ...“, grummelt der Dachs vor sich hin - und du weißt jetzt, dass er wirklich der liebste Grummeler aller Zeiten ist.

Dann ist das Licht verschwunden, aber ihr alle wisst, dass es in euch lebendig ist und euch weiter wärmen wird. Zögernd steht ihr auf, die Füchse, Dachskinder und der Marder verabschieden sich und verschwinden zusammen mit der Frau des alten Dachses wieder im Bau. Auch die drei Hasenkinder verabschieden sich von euch, lächeln aber den alten Dachs nun auch ganz lieb an. Der zwinkert ihnen freundlich zu ... und schwupps! sind sie im Unterholz verschwunden.
Der alte Dachs begleitet dich jetzt zurück zu der Stelle, wo ihr euch getroffen habt und dann zu der alten Eiche, wo du vorhin mit den drei Hasenkindern Fangen gespielt hast. Dann ist es auch für euch Zeit, Abschied zu nehmen!

Ihr umarmt euch ... und der Dachs grummelt noch ein bisschen, lächelt dich aber an. Das gehört einfach zu ihm dazu.
„Wenn du magst, komm mich und die anderen gern wieder besuchen!", sagt er jetzt noch. „Du weißt ja, wo wir wohnen - und du bist immer willkommen bei uns!"
Dann rumpelt er zurück zu seinem Bau, und du drehst dich um ... atmest noch dreimal tief durch und kommst langsam wieder zurück ... hierher, wo dir diese Geschichte vorgelesen wird ... und öffnest langsam deine Augen.
Willkommen zurück von deinem Abenteuer!

Fröhlich sei dein Tag, wunderbar seien deine Freundschaften!

Baumeister Biber

Auf dieser Reise lernt das Kind, dass **JEDE FÄHIGKEIT WERTVOLL IST** und dass man immer **SEINEN BEITRAG LEISTEN** kann.

Heute machen wir einen Ausflug zu einem der größten Baumeister der Natur: dem Biber. Mit ihren starken Zähnen können Biber Bäume fällen, und daraus bauen sie für sich und ihre Familie dann ganz tolle Häuser, die halb unter Wasser und halb darüber liegen - die sogenannten Biberburgen. Möchtest du so einen Baumeister mal kennenlernen? Dann los ...

Mach es dir bequem, kuschel dich ein, wenn du magst, und schließe sanft deine Augen. Nimm drei tiefe Atemzüge und achte darauf, wie sich das anfühlt ... Wie die Luft in deine Nase strömt, in deine Brust und deinen Bauch, und dann wieder hinaus aus deinem Körper. Ganz viele Tiere atmen genauso wie du - wir alle teilen uns die Luft auf unserem Planeten.

Atme jetzt ganz normal und entspannt weiter und lass dich dann mit den nächsten Atemzügen in die Welt deiner Fantasie gleiten. Langsam werden die inneren Bilder immer klarer und du siehst dich selbst inmitten einer wunderschönen Landschaft. Du siehst Wiesen und Wälder, grüne Hügel und hohe Bäume, einen silbrig glitzernden Fluss und einen kleinen See, an dessen Ufer viele Birken stehen, dazu noch bemooste Felsbrocken und eine Bergkette am Horizont. Du hörst einen Greifvogel rufen, der am blauen Himmel seine Kreise zieht, und du kannst auch die bellenden Rufe eines Rehbockes vernehmen, der irgendwo im Wald stehen muss.

Du schlenderst umher, genießt das schöne Wetter und näherst dich langsam dem Fluss und dem See. Heute ist ein so warmer Tag, vielleicht kannst du ja deine Füße ins Wasser halten und dich ein bisschen abkühlen ...
Als du das Ufer erreichst, hörst du es knabbern und knuspern und knacken und knirschen - und dann fällt eine der Birken plötzlich um. Was ist denn hier los?
Du gehst ein paar Schritte in die Richtung des umgestürzten Baumes und entdeckst dann denjenigen, der den Baum gefällt hat: Ein

großer brauner Biber sitzt stolz neben seinem Werk und grinst dich an. Seine großen Vorderzähne und sein platter Schwanz sind unverkennbar: kein Tier sieht so aus wie ein Biber.
Und schon ist auch die kleine Pause des fleißigen Bibers vorbei. Er knabbert hier und dort ein paar Äste ab und beginnt dann, den schlanken Stamm zu seinem Bau in der Flussmündung des Sees zu zerren. Unglaublich, wie stark so ein Biber ist!
Fasziniert schaust du zu, wie er den Stamm mit seinen Zähnen herumschleppt und ihn dann ins Wasser plumpsen lässt. Sofort springt er hinterher und schiebt ihn auf dem Wasser mit seiner Schnauze in Richtung der Biberburg, die du nun auch sehen kannst. Ein großer Bau aus gefällten Bäumen und größeren Ästen, die alle kunstvoll übereinandergestapelt sind.
Während du zusiehst, wie der Biber seinen Bau mit dem frisch gefällten Baum vergrößert, hörst du plötzlich aus einem nahen Gebüsch jemand wütend vor sich hin fluchen.
„Verflixt und zugenäht ... verdammt, verdammt, verdammt!“
Da ist jemand sehr aufgebracht - und als du vorsichtig die Zweige teilst und durch das Gebüsch spähst, siehst du ein kleines Biberkind, das auf und ab stapft und immer wieder mal mit seinen platten Füßen gegen einen Baum tritt.
Als das Biberkind dich sieht, bleibt es abrupt stehen und atmet schwer ein und aus. Sich aufregen ist wirklich anstrengend!

Du kniest dich hin, damit du mit ihm auf Augenhöhe bist, und fragst vorsichtig nach, was es denn habe ... Immer noch aufgebracht, aber schon ein bisschen ruhiger, murmelt es: „Ach, ich werde niemals ein guter Biber werden. Ich kann einfach keinen Baum fällen und meinen Eltern dabei helfen, unsere Burg auszubessern. Ich habe wirklich alles versucht, aber ... aber ..." Und dann stampft es wieder mit dem Fuß auf. Du streckst deine Hand aus und berührst sacht die Schulter des Biberkindes. Es schaut dich an und versteht, dass du für es da bist. Und dann hast du eine richtig gute Idee! Wenn das Biberkind alleine nicht helfen kann, könnt ihr es ja mal zu zweit versuchen. Einen großen Baum kannst du zwar auch nicht fällen, aber große Äste sammeln, das kannst du.
Als du das vorschlägst und dabei das Biberkind aufmunternd anlächelst, beginnt auch der kleine Biber zum ersten Mal wieder zu lächeln und beruhigt sich. Es atmet einmal gaaaaaaanz lange aus, stemmt die kleinen Arme in die Hüften und ist jetzt bereit, die Sache auf neue Weise anzugehen.

Gemeinsam lauft ihr los und sucht richtig tolle große Äste, die ihr gemeinsam zum Ufer schleppt. Je mehr Äste ihr dorthin tragt, desto fröhlicher wird das Biberkind. Und auch dir macht es richtig Spaß! Gemeinsam etwas zu bauen, ist doch immer toll!
Gerade schleppt ihr einen kurzen, aber sehr breit gewachsenen Birkenast, da ruft es plötzlich von der Biberburg herüber: „Oh nein! Oh nein! Wir haben ein Loch im Bau!" Ihr schaut hinüber und seht, wie Biberpapa und Bibermama ganz aufgeregt auf ihrer Burg hin und her laufen, während

etwa einen Meter unter ihnen das Wasser zwischen den Bäumen und Ästen hervorblubbert. Wenn nicht schnell etwas geschieht, dann wird das immer schlimmer werden, und das Wasser wird irgendwann die ganze Biberburg davonschwemmen.

Das Biberkind und du schaut euch kurz an ... Jetzt seid ihr gefordert! Denn das Loch in der Biberburg sieht so aus, als wäre es genauso groß wie der kurze dicke Birkenast, den ihr gerade zum Ufer geschleppt habt.

Ihr wisst, was zu tun ist, und springt beide mit dem Ast ins Wasser. Gemeinsam schiebt ihr den Ast vor euch her, du mit den Händen und das Biberkind mit seiner kleinen Schnauze. Dann seid ihr beim Bau angekommen, wuchtet zusammen den Ast nach oben und stopft das Loch. Der Ast passt tatsächlich wie ein Stöpsel! Und schon läuft kein Wasser mehr ... Gefahr gebannt!

Hui, das war aufregend ... und ganz schön nass, wie dir jetzt auffällt. Aber manchmal ist das eben so: Wenn Hilfe gebraucht wird, kann man nicht lange überlegen!

Gemeinsam schwimmt ihr jetzt alle ans Ufer zurück, auch die Bibereltern begleiten euch. An Land geklettert, schüttelt ihr euch alle trocken – das klappt bei den Bibern natürlich besser als bei dir, aber es ist lustig, sich so zu schütteln, und die Sonne an diesem warmen Tag tut ihr Übriges, um dich wieder zu trocknen.

Papa und Mama Biber blicken ganz stolz auf ihr Kind und tätscheln ihm die Schulter. „Das hast du wirklich gut gemacht, Knaske", sagt Papa Biber. (Knaske? So heißen also Biberkinder ... Spannend!) „Genau das richtige Stück Holz zur genau richtigen Zeit ... Besser geht es gar nicht!"
Der kleine Biber richtet sich auf - wenn er kein Fell hätte, könntest du jetzt sehen, wie er ein bisschen rot im Gesicht wird.
„Ich war vorhin so traurig und wütend", erzählt er nun seinen Eltern, „aber ________*(Name des Kindes)* hat mir gezeigt, dass ich auch etwas tun kann. Zwar kann ich noch keine Bäume fällen, aber ich kann etwas anderes!"
„Ja, da hat ________*(Name des Kindes)* auch wirklich recht!", sagt die Bibermama. „Egal, wie groß oder klein man ist, man kann immer das tun, was man kann. Und niemand erwartet das, was man noch nicht kann. Alles kommt zu seiner Zeit ... Also, vielen Dank ________*(Name des Kindes)*, dass du unserem Knaske so lieb geholfen hast. Wir möchten dir gern etwas schenken, damit du uns nie vergisst ..."
Und mit diesen Worten überreicht sie dir ein Stück Holz, in das ein Bild hineingeschnitzt oder besser gesagt hineingeknabbert wurde. „Das bist du", sagt sie. „Zusammen mit Knaske, wenn ihr beide groß seid ... und immer noch die besten Freunde!"
Du schaust dir das Holzbild ganz genau an. Kannst du euch beide erkennen? Wie seht ihr aus? Und ist das nicht schön, dass ihr auch noch in vielen Jahren Freunde sein werdet?

Knaske steht neben dir und schaut nun auch ganz gebannt auf das Bild. „Ui“, sagt er, „so stark und groß und mutig werden wir später mal sein?“
„Seid ihr doch jetzt schon“, meint Papa Biber.
„Außer groß“, lacht Mama Biber, „so richtig groß seid ihr noch nicht.“ Und ihr müsst alle mitlachen. Und in diesem Moment bist du dir sicher, dass Knaske schon gar nicht mehr an seinen Wutanfall von vorhin denkt. Mit so einem guten Freund/so einer guten Freundin wie dir, muss auch niemand lange wütend oder traurig sein!

Langsam wird es Zeit sich zu verabschieden. Familie Biber muss noch ein bisschen an ihrer Biberburg arbeiten, und du solltest dich jetzt vielleicht auch auf den Rückweg machen.
Ihr drückt euch alle nochmal und du zwinkerst Knaske zu. Beste Freunde ... das fühlt sich gut an!
Und während Familie Biber in den See hüpft und zurück zu ihrer tollen Wasserburg schwimmt, drehst du dich um und läufst langsam zurück. Du betrachtest nochmal die Wiesen und Wälder, die weiß leuchtenden Birken, lässt deinen Blick über den See und auch über die Berge in der Ferne schweifen ... und kommst nach und nach hierher zurück, wo jemand, der dich wirklich klasse findet, dir diese Geschichte vorliest.
Nimm nochmal drei tiefe Atemzüge wie zu Beginn deiner Reise und sei dann wieder ganz hier. Willkommen zurück!

Gesegnet seien dein Mut und deine Stärke, gesegnet sei dein Leben!

Der geduldige Reiher

Der Reiher lädt das Kind zu einer **KLEINEN KÖRPERÜBUNG** ein, die immer gemacht werden kann, wenn man aufgeregt oder unruhig ist.

Diese letzte Geschichte im Buch ist eigentlich gar keine richtige Reise. Sie ist vielmehr eine Übung, die du machen kannst. Und irgendwie ist sie doch eine Reise ... Bei deinen anderen Reisen hast du ja immer Tiere kennengelernt, dich manchmal auch in ein Tier verwandelt und erfahren, wie sich das anfühlt, als Tier durch den Wald zu rennen, einen Baum heraufzuklettern oder über dem Wald dahinzufliegen.

Wenn man sich in etwas verwandelt, im Traum oder beim Spielen zu etwas anderem wird, dann lernt man immer besonders viel. Wie fühlt es sich an, Federn oder Fell zu haben? Wie fühlt es sich an, ganz schnell einen Baum hinaufzuflitzen? Wie ist es, zu fliegen und die Welt von oben zu betrachten?

Das alles kann man lernen, wenn man sich verwandelt. Das … und natürlich noch ganz viele andere Dinge.

Unter anderem auch, wie es ist, ganz geduldig zu sein, ganz still zu stehen und im Gleichgewicht zu sein. Meister in dieser Kunst ist der Reiher!

Vielleicht hast du ihn schon mal auf einer Wiese oder an einem Bachufer gesehen. Er kann ganz lange auf einem Bein stehen, die Balance halten und völlig regungslos auf einen Fisch warten, den er sich dann schnappt.

Ein unglaublich eleganter Vogel.

Vielleicht magst du dich auch einmal in einen solchen Reiher verwandeln und ihn dadurch etwas besser kennenlernen?

Probiere es einfach aus. Nimm drei tiefe Atemzüge und schau dir das Bild des Reihers an. Versuche dann, genauso auf einem Bein zu stehen. Lege deine Arme wie Flügel eng an deinen Körper, oder noch besser: Falte deine Hände auf deinem Rücken.

Und dann hebst du ein Bein langsam an, soweit du kannst … und bleibst einfach so stehen.

Atme ganz normal weiter. Ein … und aus. Ein … und aus.

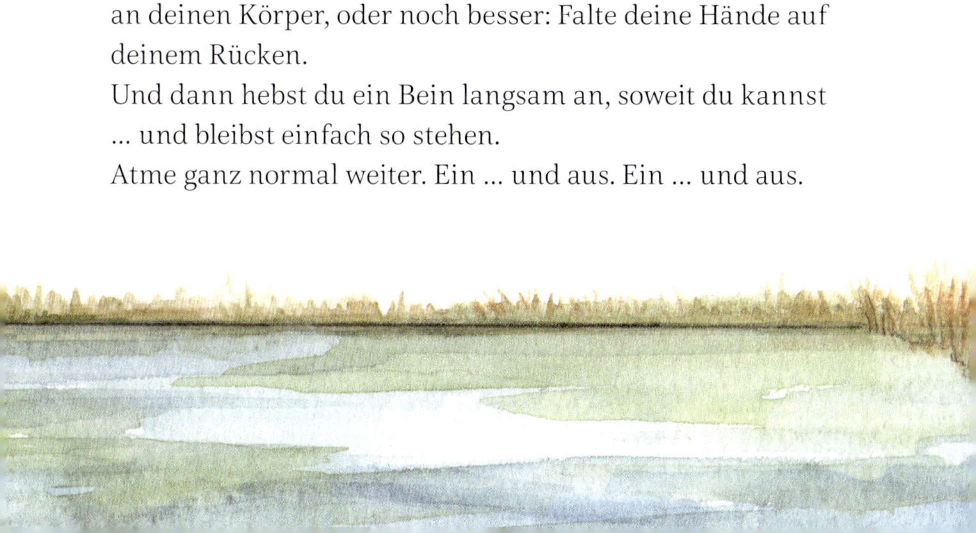

Der Reiher ist ein wirklicher Meditationsmeister! Und vielleicht bist du auch bald einer bzw. eine Meditationsmeisterin.
Ganz ruhig stehen. Ganz geduldig. Und atmen …

Wie lange schaffst du das? Kannst du das Gleichgewicht gut halten? Wenn es nicht so leicht ist, kannst du auch gern mal einen oder beide „Flügel" ausstrecken, um besser die Balance halten zu können … Aber mach es so langsam wie möglich.
Spürst du, wie du immer mehr zum Reiher wirst und ihn dadurch verstehen kannst? Und merkst du, wie gut sich das anfühlen kann? Wie du innerlich ganz ruhig wirst?

Jetzt kannst du gern mal das Bein wechseln. Und wieder einfach stehen bleiben und atmen. Stell dir vor, du bist ein Reiher, der an oder in einem Bach steht. Das Wasser plätschert leicht um deinen Fuß herum, hinter dir wiegt sich das Schilfgras leicht im Wind … Nichts bringt dich aus der Ruhe.

Wenn du dein Gleichgewicht halten kannst wie ein Reiher, dann probiere doch gern auch aus, wie das mit geschlossenen Augen ist.
Spüre deine Verbundenheit zum Boden, die Kraft des Reihers in dir und wie du zwischen Himmel und Erde gehalten wirst … Vielleicht wackelst du etwas, und doch bist du gehalten.

Stell dich jetzt wieder ganz normal auf deine zwei Beine, nimm nochmal drei tiefe Atemzüge und sei wieder einfach das wunderbare Menschenkind, das du bist.
Und wann immer du möchtest, kannst du diese Übung wiederholen und in die Ruhe eines Reihers eintauchen.

Fröhlich sei dein Tag, wunderbar entspannt sei dein Leben!

NACH DEN REISEN — WEITERE INSPIRATIONEN

Am schönsten ist es, wenn Sie mit den Kindern nach der Geschichte über das Erlebte sprechen – sei es im Kinderzimmer zu zweit oder in einer Gruppe, die Sie anleiten durften. Für die Nachgespräche mit den Gruppen eignet es sich ganz hervorragend, in einem gemütlichen Kreis zusammenzukommen und einen Redestab (oder ein Redekuscheltier) herumzugeben, sodass jede*r gehört wird, die/der gern etwas teilen möchte. Niemand muss in der Gruppe sprechen, darf jedoch herzlich gern, und gibt ansonsten einfach den Stab (oder das Kuscheltier) weiter. Fragen Sie einfach, was das Kind mit Ihnen teilen möchte.

Viele Geschichten bieten eine gute Gesprächsgrundlage: Zuerst erlebt das Kind etwas auf einer inneren Reise, dann kann mit ihm darüber gesprochen werden. Wenn einem Kind ein Tier begegnet, das es besonders beeindruckt bzw. zu dem es eine große Nähe spürt oder von dem es viel Trost erfährt, kann man diese Energie für den Alltag des Kindes sichtbar machen, indem man vielleicht ein entsprechendes Kuschel-, Holz- oder Plastiktier besorgt. Je nach Alter kann das Kind hiermit weitere Geschichten im Zimmer selbst spielen und damit das, was es im Inneren bewegt, auch viel leichter ausdrücken und ggf. auch verarbeiten. Das Tier kann auch als kuscheliger Freund abends mit zu Bett genommen werden und dann helfen, leichter einzuschlafen, sich beschützt zu fühlen oder auch mal heimlich unter der Decke noch weiter zu quatschen, wenn das Licht schon aus ist. Für die Kinder ist es mit diesen „Stellvertreter-Tieren" leichter, nach den vorgelesenen Geschichten auch eigene zu ersinnen oder weitere Begegnungen entstehen zu lassen. Es knüpft an beliebte Geschichten bzw. schöne Erlebnisse an und erzählt sie sich selbst ganz natürlich weiter, webt eigene Themen mit hinein und stärkt damit das eigene Innere sowie die Fähigkeit, die Fantasie erblühen zu lassen.

Natürlich können sie dem Kind dann, wenn es möchte, mehr zu diesem Tier zeigen oder vorlesen, gemeinsam Tierdokumentationen anschauen und das Wissen über dieses Tier erweitern. So kann das Kind noch tiefer in die tierische Welt eintauchen, lernt spielerisch dazu und erfährt die unterschiedlichsten Facetten unserer Erde bzw. des heimischen Waldes.

Wenn Sie alle dazu Lust haben, können Sie auch den Inhalt der Reisen, nachdem Ihr Kind „zurückgekehrt" ist, im Rahmen eines Rollenspiels oder mit Spielfiguren, die Sie bzw. Ihr Kind bereits zuhause haben, nachspielen. Damit bietet sich dem Kind eine weitere Möglichkeit der Verarbeitung und Verinnerlichung – und mehr Zeit mit Mama oder Papa!

All die kleinen selbst erdachten Theaterstücke der Kinder nach Meditationen waren und sind für uns immer wieder ein Genuss und wir erleben dadurch, wie gut die Kinder die Erlebnisse im Nachgang verinnerlichen und wiederum uns Erwachsenen das gerade frisch Gelernte nahebringen wollen. Ganz eifrig spielen sie uns genau das vor, was sie selbst besonders beeindruckt hat oder sie ganz neu erfahren haben. So bekommen sie auch die Möglichkeit, uns etwas „beizubringen". Eine besondere Freude waren für uns auch die Stücke, in denen wir selbst mitspielen durften: aus alten Kartons und Stoffresten, Wasserfarben und Filzstiften, buntem Papier und ganz viel Fantasie sind viele unglaubliche Kulissen entstanden, in denen einige sehr herzige Uraufführungen stattfanden.

Die tierischen Szenerien eigenen sich auch wundervoll für Collagen, selbstgemalte Poster und Bilder, die den Kindern die wichtigste Szene ihrer Reise immer wieder in Erinnerung bringen können und die Verbindung zu den nährenden Kräften, die darin verwoben sind, stärken. Wir empfehlen daher das (gemeinsame) Malen und Basteln ebenfalls sehr! Fragen Sie einfach nach dem Bild, das das Kind am liebsten vor Ort fotografiert hätte, oder dem schönsten Moment und lassen Sie es dieses Bild zeichnen.

Auch in der Arbeit mit Schulklassen haben wir nach der gemeinsamen Reise in einem großen Kreis das Erlebte miteinander geteilt und danach ein Bild des Tieres, das es in der Umgebung zeigt, in der man es getroffen hat, gemalt. Hier hat es sich sehr bewährt, mit den Kindern gemeinsam eine „Postkarte" für die Eltern zu malen, die leider nicht mit auf diesem Ausflug waren.

Die Reisen spielen sich vor den inneren Augen ab, bewegen den Geist, nähren Fantasie und Kreativität – und bleiben damit zunächst innerhalb der mentalen Bereiche. Schon durch das Aussprechen im Nachgang wird das Erlebnis ein wenig realer, greifbarer und damit auch verständlicher. Es kann tiefere Wurzeln schlagen als „nur" im Geist. Das wichtigste Erlebnis mit einem anderen Menschen zu teilen, schafft eine besondere Form der Nähe, verbindet miteinander und transportiert das Ganze aus dem reinen Geistigen sowohl tief ins eigene Innere als auch ins Äußere und damit ins Große Ganze. Blühende Fantasie, erfüllendes Erleben und spannende Erfahrungen dürfen auf einem Blatt bunte Wirklichkeit werden oder als Geschichte mit wirklichen Figuren nacherlebt werden. So berichtet zunächst der Mund, danach setzen kreative Hände es um oder spielen es vor und erschaffen einen ganz eigenen Ausdruck.

Die Kinder vermitteln recht deutlich, welche Reisen in ihnen etwas angeregt haben, das sie unbedingt noch vertiefen, uns zeigen oder auf besondere Weise mit uns teilen möchten.

Auch Ihrer persönlichen kreativen Umsetzung sind hier (fast) keine Grenzen gesetzt und Ihr Kind wird diesen Einsatz sehr zu schätzen wissen. Vielleicht erkennen Sie beim Vorlesen bestimmte Gegenden wieder oder wissen, wo ein echtes Erleben und Kennenlernen der genannten Pflanzen und Tiere möglich wäre und können einen gemeinsamen Familienausflug oder Spaziergang anschließen?

Als mögliche Inspiration: es kommt immer mal wieder die Formulierung „urwüchsige Landschaft“ oder ähnliches vor und hier wäre ein Besuch in einem unserer letzten Urwälder (als Ergänzung zu anderen Waldbesuchen) zum Beispiel im bekannten Sabawald eine schöne Idee. Auch hier wird das Vorgelesene ein Stück weit greifbarer und damit gleichzeitig realer und doch auch so viel magischer. Das Kind spürt, dass es sich „nicht nur“ um eine Geschichte handelt, sondern dass diese Wald-Welten auch tatsächlich existieren. Das ist ein schöner Weg, den Wald wirklich tatkräftig zu entdecken und so einem Natur-Defizit-Syndrom entgegenzuwirken.

Ob Sie nun einen Spaziergang in den nächstgelegenen Park, einen Erkundungsgang im eigenen Garten, einen

Ausflug zu einem nahen Urwald oder in den bekannten Wald hinter dem Gartenzaun machen – an all diesen Orten lassen Sie sich gemeinsam frischen Wind um die Nase wehen, tanken auf, erleben Qualitätszeit und können nach Lust und Laune direkt dort in der Natur gemeinsam ein eigenes Ritual erfinden und durchführen oder ein passendes Spiel kreieren.

Und wenn Sie und ihre Kinder mögen: Wir freuen uns jetzt schon auf Zusendungen von Bildern und Ritualideen, Fotos und Erlebnisberichten, falls Sie uns damit erfreuen möchten:

Jennie Appel & Dirk Grosser
Gerkensrode 13
32689 Kalletal

Oder:
info@jennie-appel.de / info@dirk-grosser.de

SCHLUSSWORT

Sind Sie im Herzen auch ein „Waldkind"? Waren auch Sie direkt nach der Schule mit den anderen Kindern draußen spielen oder am Wochenende mit Oma und Opa im Wald unterwegs? Dann geht es Ihnen möglicherweise wie eingangs beschrieben und Sie beobachten in unserer Welt verglichen mit Ihrer eigenen Kindheit eine gewisse Entfremdung von diesen herrlichen naturverbundenen Momenten, auf die Sie selbst gern zurückgreifen. Das Verlässlichste in unserem Leben ist der Wandel und natürlich hat sich mit der Zeit auch unsere Welt gewandelt. Völlig klar. Ohne nun „missionarisch" unterwegs zu sein, können wir mit einem Vorleben oder Teilen unserer Herzensthemen auch andere begeistern. Ihre eigenen leuchtenden Augen während des Vorlesens werden die Kinder faszinieren, sodass sie sich öffnen und einlassen können. Wenn Sie Kindern (oder gern auch „inneren Kindern") ein paar dieser Meditationen oder Seelenreisen vorgelesen, sie begleitet und danach vielleicht mit ihnen über ihre Erlebnisse gesprochen haben, werden Sie sicherlich schon festgestellt haben, dass auch Sie als Vorlesender beschenkt wurden. In diesem Falle vielleicht mit zurückkehrenden längst vergessen geglaubten Erinnerungen an Ihre Kindheit in Wald und Feld? Oder mit Erinnerungen an Menschen, mit denen Sie die Freiheit in der Natur genossen haben? Zudem beschenkt uns die schier grenzenlose Fantasie der Kinder, erweckt in allen Beteiligten ein Gefühl von „Alles ist möglich! Lasst es uns angehen!", und setzt damit eine enorme Kraft frei. Diese ist für uns Erwachsene wichtig, um mit der eigenen Kindheit bzw. dem inneren Kind liebevoll verbunden zu bleiben und unseren Geist offen zu halten – so wie damals, als nahezu hinter jeder Ecke noch die Wunder des Lebens zu entdecken waren. Falls Sie zu den Glücklichen gehören, die all das im Laufe des Lebens nicht verloren haben, gratulieren wir Ihnen und irgendwie auch der Welt, mit der Sie diese Geschichten und Ihre Begeisterung teilen werden!

Wir wünschen allen, die dieses Buch in den Händen halten werden, dass sie sich wieder erinnern und auch ganz lebendig erfahren, wie sehr unsere (kindliche) Fantasie in der Lage ist, Gefühle zu klären, Probleme zu lösen und schwierigen Situationen ganz selbstverständlich Heilung zu schenken. Vielleicht sehen Sie dann auch ab und an das Chaos im Kinderzimmer mit anderen Augen. Blumengirlanden als Piratenschiff-Schmuck, Schlümpfe auf den Schultern riesiger Teddybären und Plastiktiere, die mit ihren Gesichtern in mit Wasser gefüllten Untertellern liegen, um zu trinken, ergeben einen ganz neuen Sinn für Sie. Lassen Sie alle gemeinsam den Zauber wieder in unserer Welt lebendig werden, und ermöglichen Sie damit eine ganz andere Ebene der Begegnung mit Ihren Kindern und letztlich mit unserer gesamten Welt.

Wir würden uns sehr freuen, wenn Sie gemeinsam mit den Ihnen anvertrauten Kindern wertvolle Erlebnisse teilen konnten und weiterhin teilen, sowohl die Geschichten als auch die Wälder um Sie herum erkunden und mit Ihrem freudvollen Abenteurergeist die Welt ein wenig bunter machen.

Wir wünschen der Welt farbenfrohe Kinderseelen, die ganz neue Wege gehen und alle Erwachsenen mit ihrer Offenheit und ihrem Staunen verzaubern! Lassen Sie sich an die Hand nehmen und rennen Sie gemeinsam lachend in den Wald oder kullern Sie noch einmal um der alten Zeiten willen einen grünen Hügel hinab … (sofern körperlich möglich, ansonsten ist auch das Zusehen schon herrlich erfrischend!).

Dieses Buch ist für all die Kinder und inneren Kinder, die ohne Einschränkungen ihre Magie verbreiten, andere mit ihrer Begeisterung einfach anstecken und letztlich unsere Welt retten werden. Jeden Tag neu. Vom kuscheligen Kinderzimmer aus oder aus großartigen Waldhöhlen grinsend. Danke, dass es euch/Sie alle gibt!

EMPFOHLENE LITERATUR FÜR KINDER

Jennie Appel & Dirk Grosser: Zauberwald und Zwergenkraft. Meditationen für starke Kinder. Aurum Verlag, Bielefeld 2019

Jennie Appel & Dirk Grosser: Du bist nie allein! Für kleine Yogis und Yoginis. Meditationen und Fantasiereisen, die Kinderseelen stark machen. Schirner Verlag, Darmstadt 2016

Tor Åge Bringsvaerd: Der kleine Papagei, der ganz allein die Welt retten wollte. Tiergeschichten aus dem Buddhismus. Carl Hanser Verlag, München 2004

Andrea Liebers: Ein bärenstarker Geist. Ethik für Kinder - buddhistisch inspiriert. Sequoyah Verlag, Gutenstein 2008

Thich Nhat Hanh: Entdecke den Schatz in deinem Herzen. Geschichten und Übungen zur Achtsamkeit für Kinder. Kösel Verlag, München 2011

Stefanie Taschinski: Funklerwald. Oetinger Verlag, Hamburg 2015

Wieland Freund: Nemi und der Hehmann. Beltz Verlag, Weinheim 2019.

... und im TV- bzw. DVD-Bereich möchten wir ganz besonders auf die Serie „Yakari“ aufmerksam machen, die Kindern auf ganz zauberhafte Weise Natur und die Lebensweise vieler Tiere näherbringt.

EMPFOHLENE LITERATUR FÜR ERWACHSENE

Jennie Appel & Dirk Grosser: Kraftort Natur. Wurzeln entdecken, Ruhe finden, Wachstum erleben. Gräfe und Unzer Verlag, München 2018

Jennie Appel: Wer wachsen will, braucht starke Wurzeln. Mit der Kraft des Schamanismus sein volles Potenzial entfalten. Gräfe und Unzer Verlag, München 2016

Thomas Berry: Das Wilde und das Heilige. The Great Work - unser Weg in die Zukunft. Arun Verlag, Uhlstädt-Kirchhasel 2011

Elli H. Radinger: Die Weisheit der Wölfe. Wie sie denken, planen, füreinander sorgen - Erstaunliches über das Tier, das dem Menschen am ähnlichsten ist. Ludwig Verlag, München 2017

Josef H. Reichholf: Naturgeschichte(n). Über fitte Blesshühner, Biber mit Migrationshintergrund und warum wir uns die Umwelt im Gleichgewicht wünschen. Knaus Verlag, München 2011

Wolf-Dieter Storl: Der Bär. Krafttier der Schamanen und Heiler. AT Verlag, Baden 2005

Philippe J. Dubois & Élise Rousseau: Kleine Philosophie der Vögel. 22 federleichte Lektionen für uns Menschen. Droemer Knaur, München 2019

DANKSAGUNG

Unser erster Dank gilt allen Kindern und Eltern, die uns an ihren Erfahrungen mit unseren Reisen teilhaben ließen und die seit Jahren mit „Zauberwald & Zwergenkraft“ (bzw. der alten Ausgabe unter dem Titel „Du bist nie allein!“) sowohl in Familien als auch in Kindergärten, Kinderyogaklassen und an Grundschulen gemeinsame Abenteuer erlebt haben. Wir danken Beate Simon, die ihr Leben dem Kinderlachen gewidmet hat und uns eine wunderbare Freundin ist. Wir danken Bärbel Putz, die uns schon vor vielen Jahren den Zugang zu ihrer Schule und einigen wundervollen Schulklassen ermöglicht hat und immer von unserer Arbeit überzeugt war. Eure Erlebnisse und eure strahlenden Augen waren und sind für uns eine Bereicherung!

Wir danken von Herzen allen Seminarteilnehmer*innen und Klient*innen, die uns in den letzten Jahren begegneten und mit denen wir ein Stück ihres Weges gehen durften.

Ein großer Dank auch an Seán ÓLaoire und Philip Carr-Gomm für all die Gespräche in den letzten Jahren.

Nicht zuletzt danken wir Brigitte Kuka für die erneut so liebevollen Illustrationen, die unsere Geschichten wundervoll einrahmen, sowie Annika Huck-Kamphausen und dem gesamten Team des Kamphausen Verlages, das unsere Arbeit so großartig unterstützt! Danke!

Ein ganz besonderer Dank gilt unserem Hund Baldur, an dessen 14. Geburtstag wir heute dieses Buch dem Verlag übergeben. Seit Jahren begleitet er unser Leben, lehrt uns so vieles auf seine ganz eigene Art … Die beständigen

Gänge in der Natur, auch jenseits aller Wege (damit er was Neues zum Schnuppern hat) waren und sind ein großer Teil unserer Inspiration. Ebenso wie die Erlebnisse mit allen Tieren im Laufe unserer beider Leben und in den bisherigen gemeinsamen Jahren, insbesondere auch mit der großherzigen Kämpferin Lilly, die unvergessen durch unser Leben tanzt, und der stets für Überraschungen sorgenden Runa. Das Leben mit euch ist an sich schon Inspiration und so voller Liebe. Danke!

ÜBER DIE AUTOREN

Jennie Appel und Dirk Grosser leben und arbeiten gemeinsam im schönen Kalletal, geben einzeln und zusammen Kurse in ihrer Jurte oder an anderen Orten in ganz Deutschland und Irland. Sowohl in ihren schamanischen Seminaren und Ausbildungsreihen als auch in den Meditationskursen und anderen Angeboten zu mythologischen, spirituellen und transformativen Themen finden sich immer wieder starke Bezüge zur Natur, die ihnen beiden sehr am Herzen liegt. Sie sind bekannt für ihre bodenständige und stets humorvolle Art der Wissensvermittlung und ihre warmherzige und kompetente Begleitung in spirituellen Prozessen. Als Autoren von mehr als einem Dutzend Büchern und ebenso vielen Musik- und Meditations-CDs sind sie mittlerweile einem großen Publikum vertraut. Mit ihren Hunden sind sie oft auf langen Spaziergängen unterwegs und leben das, was sie schreiben und lehren.

www.jennie-appel.de *www.dirk-grosser.de*

MIX
Papier | Fördert gute Waldnutzung
FSC® C147178
www.fsc.org

Penguin Random House Verlagsgruppe FSC® N001967

1. Auflage
Deutsche Ausgabe Februar 2024

Gesamtgestaltung und Satz: Tina Agard Grafik & Buchdesign, Esslingen am Neckar
Illustrationen: Brigitte Kuka, Bielefeld
Druck und Bindung: Pixartprinting, Lavis
Printed in Italy
ISBN 978-3-442-14065-7

www.goldmann-verlag.de